Vanessa Lampert

PRAXISBUCH KABBALA

[redacted]

יאמרו הגוים איה־נא אלהיהם: ואלהינו בשמים כל אשר־חפץ
עשה: עצביהם כסף וזהב מעשה ידי אדם: פה־להם ולא ידברו עינים
להם ולא יראו: אזנים להם ולא ישמעו אף להם ולא יריחון: ידיהם
ולא ימישון רגליהם ולא יהלכו לא־יהגו בגרונם: כמוהם יהיו עשיהם
כל אשר־בטח בהם: ישראל בטח ביי עזרם ומגנם הוא: בית אהרן

Vanessa Lampert

PRAXISBUCH KABBALA

Die Geheimlehre für Heilung, Schutz und Magie

Aus dem Englischen von
Peter Simon

nymphenburger

Zum Andenken an meinen Vater
Sidney Abraham Pepper, 1905–1991,
der mich so viel lehrte.

Designed by David Fordham
Illustrations by Jacqui Mair and Samantha Wilson
Titel der Originalausgabe: Practical Kaballah for Magic and Protection
First published 2002 by Cico Books, London

Produktionsbetreuung: Print Company Verlagsges.m.b.H.,
Margaretenstrasse 87, A – 1050 Wien

Schutzumschlaggestaltung: Wolfgang Heinzel
Schutzumschlagmotive: Jacqui Mair und Samantha Wilson
Druck und Binden: Kyodo Printing, Singapur
ISBN 3-485-00923-7

Besuchen Sie uns im Internet unter http://www.herbig.net

ANMERKUNG
Dieses Buch gibt die Ansichten der Autorin wieder, basierend auf ihrem Wissen und ihrer Erfahrung mit dem Thema. Es ist nicht beabsichtigt, die zahlreichen Ausprägungen der Kabbala und ihrer Lehren darzustellen. Verleger und Autorin haben auch nicht die Absicht, jedwede Personen oder Gruppen zu kränken. Sollte dies der Fall sein, so sei hier angemerkt, dass dies vollkommen unabsichtlich geschah.

Inhalt

Was ist Kabbala?

> Die Erleuchteten werden wie die Helligkeit des Himmels scheinen, und die, die Menge rechtschaffen machen, werden wie die Sterne strahlen für immer und ewig.
>
> Daniel 12.3

Kabbala ist eine einfache und präzise Methode, die den Platz des Menschen im Universum bestimmt und definiert. Die Weisheit, die sich in der Kabbala findet, erklärt und lehrt uns, warum wir existieren, warum wir geboren wurden, warum wir leben, was der Zweck unseres Lebens ist, woher wir kommen und wohin wir nach diesem Leben gehen werden.

Oben: *Kabbala bedeutet im Hebräischen »aufgenommen«. Das Studium der Kabbala heißt »Die verborgene Weisheit«.*

Die Kabbala öffnet uns für die spirituelle Welt. Sie lehrt uns Spiritualität und zeigt uns, wie wir zu höheren geistigen Sphären gelangen können. Das ist weder ein abstraktes noch ein theoretisches Studium, sondern ein sehr praktisches. Durch das Lernen und Verstehen der Kabbala werden wir über uns selbst lernen, wer wir sind, und warum wir hier sind. Wir werden lernen, was wir tun müssen, um uns selbst Schritt für Schritt zu verändern. Alles Wissen, alle Erfahrung und Wahrnehmung, die wir durch das Studium der Kabbala gewinnen, ist sehr persönlich und nimmt ihren Platz in uns ein. Deswegen nennt man sie auch »Die verborgene Weisheit«. Die Veränderungen bleiben für die Menschen um uns herum unsichtbar und sind für jeden von uns vollkommen einzigartig. *Kabbala* ist ein hebräisches Wort und bedeutet »aufgenommen«. Es steht für einen großen Schatz an esoterischem Wissen und Praxis. Um seine Ursprünge zu finden, müssen wir auf die Anfänge der jüdischen Religion zurückblicken. Seit den frühesten Tagen des Judentums versuchten Mystiker und Denker die wahre Natur Gottes und das Universum, in dem wir leben, zu verstehen. Sie

erkannten, dass sie dazu zuerst die innere Natur der menschlichen Psyche verstehen mussten.

Obwohl tausende von kabbalistischen Texten existieren (und tausende verloren gingen), blieb bis in die jüngste Zeit die mündliche Überlieferung von Lehrer zu Schüler die wichtigste Methode, die Kabbala zu lehren.

Jeder kann Kabbalist werden, da es sich bei der Kabbala nicht um eine Religion handelt, sondern um ein philosophisches System, eine Lebensweise, die unsere Sicht des Universums verändert und unsere Beziehung zu Gott verstärkt. Höchstes Ziel ist es, uns für die direkte Kommunikation mit Gott offen zu machen. Dafür müssen wir uns einer spirituellen Metamorphose unterziehen, die unsere Art zu denken und zu handeln verändert und uns erlaubt, die Bestimmung des Menschen und das Funktionieren des Kosmos zu begreifen.

Eine der Stärken der Kabbala besteht darin, dass es keine vordefinierten Parameter für ihr Studium und ihre Entwicklung gibt. Jede Generation und jeder Lehrer entwickelte eigene Ausdrücke, Definitionen und Theorien, und die Kabbala wuchs und veränderte sich seit ihren Anfängen, so wie sie es auch in der Zukunft tun wird, um den spirituellen Bedürfnissen der Menschen entgegenzukommen.

Wenn auch bis vor kurzem ihre komplexen und profunden Lehren der westlichen Zivilisation unzugänglich waren und nur im Geheimen mündlich weitergegeben oder in den alten Sprachen Aramäisch und Hebräisch niedergeschrieben wurden, werden Sie feststellen, wie viele von diesen Lehren und Ideen in den spirituellen Traditionen des Ostens ihre Parallelen haben. Mir kommt es vor, als ob ich, in der jüdischen Tradition der Kabbala erzogen, nach dem Studium der Religionswissenschaft jetzt zu den Wurzeln meines Wissens zurückkehrte und dabei entdeckte, dass ich alles, was ich dabei lernte, schon aus der Kabbala wusste – ein Kreis schloss sich.

Die Kabbala hat viele Facetten und Gesichter. Die Lehren wurden nicht nur von Rabbinern über die Zeiten unverändert weitergegeben, es gibt heute auch viele auf der Kabbala basierende Traditionen, die mit ihren jüdischen Wurzeln wenig zu tun haben.

Oben: *Die hebräischen Buchstaben Vav und Hei. In der Meditation (Seiten 151–152) ist Hei ein Fokus für spirituelle Entwicklung, Vav für Selbstäußerung und Kommunikation.*

Links: Der Stern Davids wird seit dem 12. vorchristlichen Jahrhundert als Schutzamulett verwendet.

Traditionelle Kabbalisten unterscheiden drei Typen der Kabbala:

Theoretische Kabbala ist die Kabbala der Denker, die aus den traditionellen Wurzeln lebenslangen Studierens, Diskutierens und Theoretisierens der Bedeutung der heiligen Texte und Schriften erwuchs. Sie befasst sich damit, wie Gott sich auf den verschiedenen Wegen der Spiritualität, der Wirklichkeit und der Theorien über die Schöpfung, den Kosmos und die Natur des Menschen offenbart.

Meditative Kabbala erforscht wie – und auf welchen Wegen – die Menschen mit Gott in Verbindung treten können. Für gewöhnlich geschieht das durch Meditation und Gebet.

Praktische Kabbala ist der wahrscheinlich für die meisten Menschen verständlichste Aspekt. Das Studium der praktischen Kabbala ist darauf gerichtet, praktische und leicht verständliche Selbsthilfeprogramme zu entwickeln. Diese Form der Kabbala betont auch die eher »magischen« Aspekte des Studiums und brachte eine Reihe verbreiteter Anschauungen und Praktiken hervor.

Oben: Ein rotes Band ist eines der bekanntesten Schutzamulette gegen den bösen Blick.

Diese Formen der Kabbala sind die Basis vieler, heute sehr bekannter, verwestlichter Formen des Studiums und der Praxis.

Christliche Kabbala entstand im Mittelalter, als einige hebräische und aramäische Schriften ins Lateinische übersetzt wurden. Das ursprüngliche Motiv war, Juden durch kabbalistische Argumente zum Christentum zu bekehren, bald aber erkannten die Christen mit Interesse, dass vieles in diesen Schriften ihnen zum Verständnis des eigenen Glaubens hilfreich war. Magier eigneten sich kabbalistische Zauberwörter an, und im späten fünfzehnten und sechzehnten Jahrhundert erweiterten westliche Kabbalisten die Kabbala um Aspekte christlicher Theologie. Ab dem siebzehnten Jahrhundert, dem Zeitalter der Aufklärung, kamen die aufkommenden Traditionen der Freimaurer, Templer, Alchimisten und Rosenkreuzer unter einen starken Einfluss der Kabbala.

Der Hermetische Orden von der Goldenen Dämmerung wurde 1888 in London von Dr. William Wynn Westcott (1848–1925) und Samuel Liddell Macgregor Mathers (1854–1918) gegründet. Sie verwendeten die Grundlagen der Kabbala und deren Adaptierung durch den französischen Okkultisten Eliphas Levi (1810–1875), um ihr eigenes kohärentes System zu schaffen. Die Gruppe beschrieb sich selbst als Hermetischen Orden, und obwohl viele ihrer Mitglieder einen rosenkreuzerischen oder freimaurerischen Hintergrund hatten, fußte ihre Tradition in der Alchemie. Der Orden hielt das Interesse an der Praktischen Kabbala in Zeiten geringen Interesses der Juden an der Mystik aufrecht. Er entwickelte ein komplexes System von Entsprechungen über die Pfade des Baums des Lebens, basierend auf dem sehr alten, aber bislang vernachlässigten kabbalistischen Text, das *Sepher Yetzirah* (Buch der Schöpfung).

Die Westliche Mystische Tradition entstand aus mehreren modernen Denkschulen, die aus der Goldenen Dämmerung, speziell ihren späteren Mitgliedern Aleister Crowley (1875–1947) und Dion Fortune (geborene Violet Firth, 1891–1946) hervorgingen. Von da her kommen auch die unterschiedlichen Schreibweisen wie Quabalah, Qabalah, und Cabalah, die sich oft auf die magischeren und okkulteren Ableger der Tradition beziehen. Crowley und seine Nachfolger betonten diesen magischen Aspekt, während Dion Fortune vor allem für ihr Buch *The Mystical Qabalah* bekannt ist, in dem sie die okkulte Kabbala mit der Psychologie verbindet. Aus dieser Tradition kommen auch die Verbindungen zwischen Kabbala und Tarot.

Aktuelle Trends – In den letzten Jahren erfuhr das Studium der Kabbala einige Veränderungen und wurde auch für liberale Juden und Christen attraktiv, die früher vielleicht bei östlichen Philosophien geistlichen Trost gesucht hätten. Viele bezeichnen die Kabbala als »Yoga des Westens«. Medienstars lassen sich stolz mit ihren Armbändern aus roter Wolle fotografieren und bekennen wie die Kabbala ihr Leben veränderte. In Zentren auf der ganzen Welt kann man lernen, wie das Studium der Kabbala zu Selbstverwirklichung, innerer Ruhe und Zufriedenheit führen kann.

Aus esoterischer Sicht glaube ich, dass dieses Interesse und die Verbreitung des früher verborgenen Wissens ein Zeichen dafür ist, dass die Welt sich in einem tief greifenden spirituellen Wandel befindet. Die wahrscheinlich älteste spirituelle Tradition der Welt wurde plötzlich zum Vorreiter auf unserer Suche nach einer Beziehung zu Gott, zum Kosmos, zu uns selbst und zu den Mitmenschen.

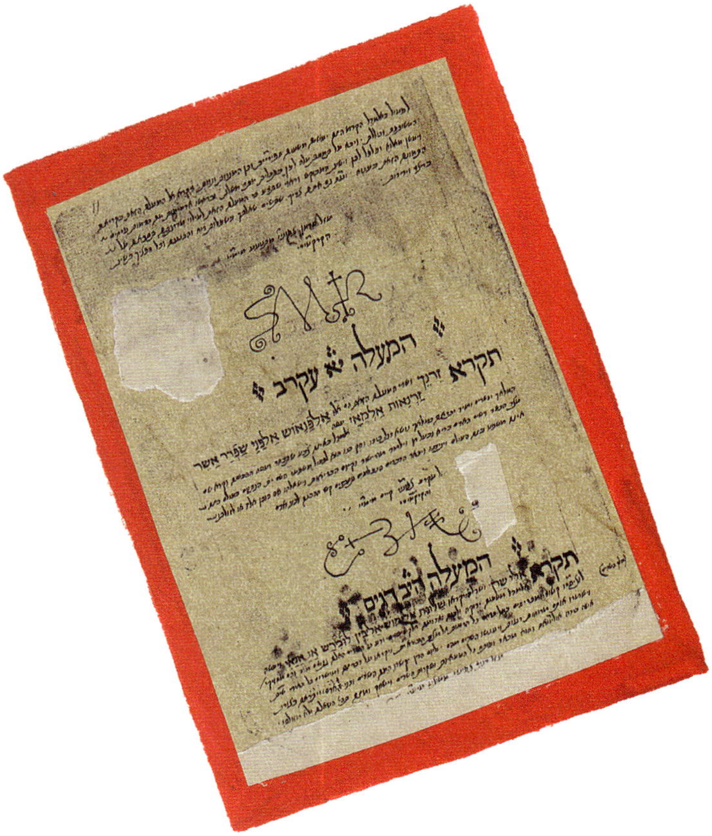

Oben: *Das Aramäische ist ein Vorläufer des Hebräischen. Hier (oben rechts) ein Schriftbeispiel mit dem Stern*

Kurze Geschichte

Die wurzeln der Kabbala verlieren sich im Geheimnis der Zeiten, aber viele glauben, dass Adam und Noah bereits im Besitz der kabbalistischen Lehren waren. Abraham verfasste wahrscheinlich den ersten wichtigen kabbalistischen Text, das *Sepher Yetzirah* oder *Buch der Schöpfung*. Die Legende sagt, dass Abraham mit 48 Jahren, als anerkannter Astrologe, über den Zusammenhang zwischen dem einen wahren Gott und dem Universum nachzudenken begann und nach drei Jahren des Studiums so weise wurde, dass er das *Sepher Yetzirah* schrieb. Dieses Buch erforscht den Zusammenhang zwischen Zahlen, Lettern, Tönen, den Sternzeichen und den zehn Sephirot mit Gott und dem Kosmos.

Im babylonischen Exil, nach der Zerstörung des ersten Tempels im Jahr 586 vor unserer Zeitrechnung, kamen die Juden unter starken Einfluss von Magie und Aberglauben. Nach ihrer Rückkehr behielten die Israeliten diesen Mystizismus bei und verbanden ihn mit anderen Einflüssen aus ihrer Umgebung – Synkretismus (freie Kombination von Glauben und Praxis verschiedener Religionen), Apokalypse (Spekulationen über das Reich des Himmels, über Engel, die Schöpfung und das Ende der Zeiten) und Gnostizismus (Versuch, die materielle Welt zu transzendieren und zur wahren Erkenntnis Gottes zu gelangen).

Aus der Verschmelzung dieser Tendenzen entstand die als *Maaseh*

Oben: *(Von rechts) die hebräischen Lettern Beit (zu Hause im Kosmos); Gimel (Freundlichkeit), and Daled (Spirituelle Tore).*

Merkavah, „Die Sache mit dem Thronwagen" bekannte Praxis, basierend auf der Vision in Ezechiel 1, mit einer ganzen Reihe mystischer und meditativer Praktiken. Ihre Anhänger studierten die Bibel und das jüdische Gesetz und hielten Moral und rituelle Reinheit hoch, um auf inneren meditativen Reisen durch die sieben Hallen des Himmels (*Hekhalot*) zu einer ekstatischen Vision der Glorie Gottes zu gelangen.

Das erste goldene Zeitalter der Kabbala als eigener Lehre kam mit dem 1176 in der Provence veröffentlichten Text *Sepher Ha-Bahir* (*Buch der Helligkeit*). Dieses Werk behandelt die esoterische Bedeutung der biblischen Verse, die Macht des hebräischen Alphabets, das Konzept der zehn Emanationen oder Sephiriot Gottes und die Reinkarnation. Bald danach, so um 1200 lehrte, auch in der Provence, Rabbi Isaac der Blinde eine kleine Anhängerschar mit Meditation und Gebet die Zusammenhänge zwischen den Sephirot.

Im 13. Jahrhundert folgte das *Sepher Ha-Zohar* (*Buch der Herrlichkeit*) von Moses de Leon (ca. 1240–1305) aus Guadalajara, Spanien, dessen Urheberschaft vielfach aber Simeon bar Yohai, einem galiläischen Weisen des zweiten Jahrhunderts, zugeschrieben wird. Durch die Verknüpfung historischer Fakten mit Mythen versucht dieses Buch, die Ursprünge des Glaubens der Kabbala zu erklären. Es führt uns durch die zehn von Gott ausgehenden Sephirot und ihre jeweilige Natur, die sowohl als Ausdruck der göttlichen Natur als auch als Archetypus der Schöpfung angesehen werden. Die Vertreibung der Juden aus Spanien im Jahr 1492 trug zur Verbreitung des Wissens über das *Zohar* in Europa bei.

Das zweite goldene Zeitalter der Kabbala begann Mitte des 16. Jahrhunderts in Safed (im heutigen Israel) mit der Lehre des Rabbi Isaac Luria Ashkenazi (1534–1572), die als Lurianische Kabbala bekannt wurde. Dieser charismatische Lehrer entwickelte die erste umfassende Lehre, in deren Mittelpunkt die Selbsterschaffung Gottes, die Erschaffung der Welt und des Menschen, der Ursprung des Bösen und Möglichkeiten, das Böse zu beseitigen (Tikkun) und die ursprüngliche Einheit von Gott und Schöpfung wieder herzustellen, stehen. Viele dieser Methoden der Meditation und der rituellen Verbindung des Menschen mit Gott werden heute noch verwendet.

Unten: *Der Kelch repräsentiert Liebe und Empfänglichkeit als Symbol einer Serie des Tarot, das mit der kabbalistischen Tradition verbunden ist.*

Die Lurianische Lehre verlor an Popularität, als 1665 ein türkischer Jude und Kabbalist, Shabbetai Tzvi (1626–1676), sich selbst zum Messias erklärte. Trotz der Warnungen der Rabbiner wurden viele Juden in Europa und im Nahen Osten zu Anhängern seiner neuen mystischen Denkschule. Viele verkauften ihren Besitz und machten sich auf, seinem Ruf nach Israel zu folgen und den Tempel wieder aufzubauen. Als Shabbetai und seine Anhänger Konstantinopel erreichten, ließ ihn der Sultan aus Angst vor einem Aufstand einsperren. 1666 vor die Wahl zwischen Bekehrung zum Islam und Tod gestellt, wählte Shabbetai die Bekehrung. Dieser Verrat führte zu einer Periode großer Enttäuschung und Negativität, die die Kreativität und Ausbreitung der Kabbala hemmte.

Unten: *Die hebräischen Lettern Aleph (oben) und Lamed (unten).*

Mit der Gründung der Chassidischen Bewegung durch Israel ben Eliezar (ca. 1700–1760), genannt Baal Shem Tov, erhielten das Studium und die Verbreitung der Kabbala neuen Auftrieb. Die Chassidische Bewegung ermutigte die weniger gebildeten Juden, in allem Gott zu sehen und ihn in Gebet, Gesang, Tanz, Bewegung und Erzählungen zu verehren. Die traditionellen Rabbiner, die Mitnaggdim (Gegner), bekämpften diese frühen Chassidim wegen ihrer ekstatischen und unorthodoxen Art. Das brachte viele Chassidim dazu, ihre meditativen Praktiken und mystischen Lehren zu mäßigen und eine gemeinsame Basis für beide Denkrichtungen zu schaffen.

Der Niedergang des Mystizismus im 19. und frühen 20. Jahrhundert begann mit der Reformbewegung im Westen, die sich dem Pragmatismus und der sozialen Integration verschrieb; die frühe Reformbewegung in Deutschland und Nordamerika verbannte jede Mystik aus den Gebetsbüchern. In Osteuropa wurden Generationen von Juden durch den Holocaust vernichtet, und der Kabbala wurde ein nahezu tödlicher Stoß versetzt. In dieser Zeit hielten die englischen mystischen Schulen wie die, der Goldenen Dämmerung die Lehren der Kabbala am Leben. Nach 1920 schuf Gershom Scholem (1897–1982) den ersten ernsthaften Lehrplan für jüdischen Mystizismus an der Hebräischen Universität in Jerusalem.

In den späten Sechzigerjahren änderten sich die Dinge mit einer neuen Generation von Lehrern, die ihren Gemeinden ihr Wissen von der Kabbala vermittelten. Feministische Gruppierungen förderten die gleichberechtigte Teilnahme in mystischen jüdischen Gemeinden. Und plötzlich erkannten auch diejenigen, die außerhalb ihrer Religion in östlichen Philosophien wie dem Buddhismus gesucht hatten, in der Kabbala eine Form mystischer Praxis, die allem, was sie außerhalb des Judentums gefunden hatten, durchaus gleichwertig war.

Ab 1990 war die Kabbala auf einmal allgegenwärtig. Sie war nicht mehr auf Menschen beschränkt, die sich besonders von Magie angezogen fühlten, sondern wurde von Angehörigen aller Religionen praktiziert. Heute ist die Kabbala kein Geheimnis mehr, sondern hat zahlreiche Anhänger, die sie als ein umfassendes philosophisches System entdeckten, das uns nicht nur lehrt, die Beziehung zwischen Gott, Kosmos und uns selbst zu erforschen, sondern uns auch den Sinn unserer Existenz erhellt.

Oben: *Kabbala ist das Studium und die Praxis eines philosophischen Systems, das unsere Verbindung mit Gott und dem Kosmos erklärt.*

Was Kabbala für Sie tun kann

WIE WIR SAHEN, bedeutet Kabbala »überlieferte Tradition«, und die Frage, die Sie sich nun stellen werden, ist: »Überlieferung wovon?«

Die meisten von uns würden in die Liste ihrer zehn wichtigsten Ziele, die sie erreichen wollen, wohl Folgendes aufnehmen:

- **GESUNDHEIT**
- **GLÜCK**
- **ZUFRIEDENHEIT**
- **STRESSFREIHEIT**
- **LIEBE UND BEZIEHUNGEN**
- **FINANZIELLE SICHERHEIT**
- **INNERE RUHE**
- **WISSEN**
- **SPIRITUELLE ERLEUCHTUNG**
- **KONTROLLE DES SCHICKSALS**

Oben: *Die Sonne bezieht sich auf Tiferet, den sechsten Sephirot am Lebensbaum, einem zentralen Symbol der Kabbala (siehe Seiten 30 und 132).*

Unten: *Der hebräische Buchstabe Kaph, der Willenskraft und Bewusstsein verbindet.*

DURCH DAS STUDIUM DER KABBALA werden Sie lernen, wie Sie zu geistiger Erleuchtung und durch Praxis zu himmlischer Erfüllung kommen. Durch die Entwicklung des spirituellen Sinns – oft auch »der sechste Sinn« genannt – gelangen Sie zu besserer Selbsterkenntnis und zu Harmonie mit der Natur des Kosmos.

Unser Verständnis von der Natur des Kosmos ist von unseren fünf Sinnen beschränkt. Das *Zohar* sagt, dass wir deshalb wie mit verbundenen Augen durch die Welt gehen. Ein Beispiel dafür ist das Radio: Sie drehen es auf und hören Musik, aber Sie sehen die Radiowellen nicht. Dass Sie sie nicht sehen, bedeutet nicht, dass sie nicht existieren. Wenn jemand vor 75 Jahren über das Internet geschrieben hätte, diesen Informations-Highway im Cyberspace, hätten ihn die Leute wahrscheinlich für verrückt gehalten.

Durch die kabbalistischen Lehren der Meditation und Kontemplation und durch die Entwicklung unseres spirituellen Inneren lernen wir Dinge zu verstehen, die jenseits unserer alltäglichen Sinne sind. Kabbalisten geben ihr Wissen über die Struktur höherer Welten oder der Welt der Spiritualität nicht ohne Grund weiter. Der wesentliche Schlüssel, der sich in ihren Schriften findet, ist, dass jeder die Fähigkeit hat, den sechsten Sinn zu entwickeln, erst wenn wir das durch das Studium erreicht haben, beginnen wir, einen ganz neuen Sinn unseres Lebens zu entdecken.

Kabbalisten sprechen vom »Hereinlassen des Lichts«, und durch die Kabbala lernen wir, das göttliche Licht in unsere Herzen zu lassen. Das Wort »Licht« wird von vielen Kabbalisten als Codewort angesehen, als Metapher, die erstmals vor mehr als viertausend Jahren verwendet wurde, um einen flüchtigen Blick auf das Wesen und die Natur jener unendlichen Energie zu erlauben, die wir Gott nennen.

Zum besseren Verständnis erzählen viele kabbalistische Lehren das Gleichnis vom Licht und dem Gefäß. Das Licht (Gott) schuf ein unendlich großes Gefäß, das seine unendliche Güte und seine grenzenlose Natur aufnehmen sollte. Man könnte zum Beispiel an ein Glas – das Gefäß – denken, welches Wasser – das Licht – enthält. Das Wasser erfüllt den Zweck des Glases und der Zweck des Glases ist es, Wasser zu enthalten.

Damit wir zum Gefäß dieses Gleichnisses werden können, müssen wir lernen, das Licht zu empfangen. Wir müssen uns zuerst nach dem Licht und der Erfüllung in unserem Leben sehnen, und dann müssen wir uns für die Energien des Göttlichen weit öffnen und ihm erlauben, uns zu lenken.

Wir müssen trachten, zu einem offenen Kanal zu werden, der in Übereinstimmung mit dem Kosmos steht. Durch die Kabbala rufen wir das göttliche Licht an, uns zu helfen das zu verstehen, was wir studieren und in uns einzudringen. Das ist auch unser Ziel in der meditativen Praxis, und wenn wir aus dem Zustand der Meditation herauskommen, erinnern wir uns an das, was wir fühlten und versuchen, dieses wundervolle Gefühl so lang wie möglich in uns zu bewahren. Schließlich wird sich durch die Praxis unser Inneres verändern und wir werden dem Licht ähnlich, das wir anrufen. Wir werden ganz automatisch mit dem sechsten Sinn arbeiten und uns auf ihn einstellen, auf das spirituelle Gefäß oder *kli*, das seine Reise fortsetzen wird, wenn unser irdischer Leib vergeht.

Die Kabbala lehrt uns, uns einer Spiritualität zu öffnen, die unser Wahrnehmen und Denken total verändert. Sie gibt unserem Leben neuen Sinn und erhebt uns über den Materialismus und das weltliche Leben.

Die weltliche Konzentration auf das Studium der Kabbala in der Gegenwart hat einen höheren Sinn. Die Menschheit ist auf einem vorherbestimmten Weg spiritueller Entfaltung, und die Popularität der Kabbala

Oben: *Wasser ist ein Symbol des Lichts, der Energieessenz Gottes. Durch das Studium der Kabbala werden wir Gefäße, bereit dieses göttliche Licht aufzunehmen.*

Oben links: *Meditieren Sie über dem Buchstaben Yod (oben), um etwas zu ändern.*
Unten: *Eine Tet-Meditation (siehe Seite 152) hilft, verborgenes Gutes zu erkennen.*

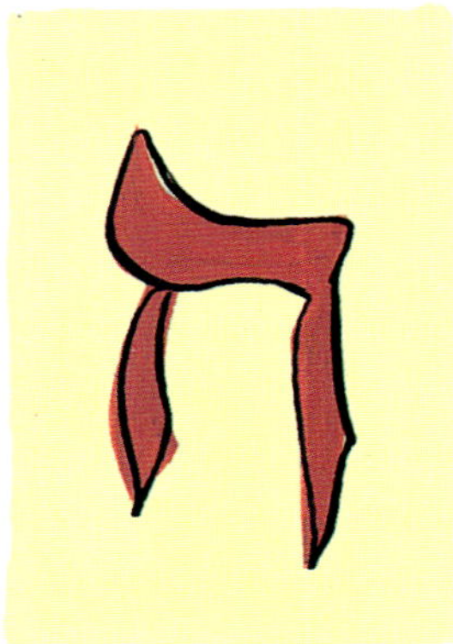

Oben: *Die Lettern Chet (oben) and Zayin (unten). Meditieren Sie über Chet für bessere Gesundheit, über Zayin für weniger Stress.*

beschleunigt diesen Wandel. Mit dem Studium der Kabbala entwickeln wir uns nicht nur persönlich weiter – was Auswirkungen auf das Bewusstsein aller Menschen hat – wir erheben auch unsere ganze Generation auf eine neue Ebene der Spiritualität.

Spiritualität und Kabbala

DIE MEISTEN brauchen einen Grund, ihr Leben zu ändern. Wir betreiben Gymnastik um fit zu werden, wir gehen zum Friseur, damit unser Haar gut aussieht. Manchmal haben Veränderungen unmittelbare Auswirkungen, manchmal dauert es länger. Der Punkt ist, dass wir zum Aufgeben neigen, wenn wir das Ergebnis unseres Tuns nicht vorhersehen können.

Die Kabbala lehrt uns aufzunehmen. Das, wonach wir suchen, ist Spiritualität. Zuerst aber müssen wir daran arbeiten und unsere Sehnsucht nach Erkenntnis ausweiten:

- **Wir müssen unseren Willen entfalten, alle Welten, auch diese hier, aufzunehmen und zu verstehen.**
- **Wir müssen unseren Willen entfalten, um unser Inneres zu verstehen und daran zu arbeiten, um die Änderungen zu bewältigen, die unsere Ideen und Einstellungen und schließlich unser Leben verändern werden.**

UM DIESE VERÄNDERUNG ZU beginnen, müssen wir verstehen, dass sie der Grund unseres Daseins ist. Veränderung bedeutet nicht, etwas aufzugeben, sondern nur etwas härter an sich zu arbeiten. Sie hatten vielleicht nie zuvor spirituelle Erfahrungen, aber etwas an diesem Buch hat Sie angezogen. Mit dieser Lektüre, hat Ihr Lernprozess schon begonnen. Andere

Leser wiederum sind vielleicht schon auf ihrem vorherbestimmten Pfad zu geistigem Wachstum. Der erste Schritt des Lernens der Kabbala geschieht mithilfe des Intellekts, der Ihr Herz öffnet und Ihnen hilft, zu fühlen, was für Sie richtig ist und was nicht. Dadurch werden Sie ganz natürlich zu den für Ihr spirituelles Wachstum richtigen Entscheidungen und Handlungen geführt.

Lassen Sie sich Zeit beim Lesen dieses Buchs. Die Kabbalisten sagen, dass Spiritualität in kleinen Dosen gelehrt werden soll, damit die Studenten sich nach mehr Licht und spirituellem Bewusstsein sehnen. Wenn Sie diese Energie aufnehmen, werden Sie an Tiefe, Verständnis und Erfüllung gewinnen. Durch die Praxis werden Sie die höchste Ebene der Spiritualität erreichen und lernen, sich durch Ihre Seele mit Ihrem Schöpfer zu verbinden.

Kabbala und Reinkarnation

Die Kabbala lehrt uns, dass wir keine neuen Seelen sind, sondern Erfahrungen aus früheren Leben in anderen Gestalten angehäuft haben. Ähnlich wie die östliche Philosophie des Karma, lehrt sie, dass unsere Seelen immer wieder zurückkehren, um in jedem Leben zu lernen und schließlich unser höchstes spirituelles Ziel zu erreichen.

Die Zahl der Seelen ist nicht unendlich, und sie kehren immer wieder zurück, um ihre vorherbestimmten Lektionen zu lernen; jedes Mal kehren sie in einen anderen Körper zurück, auch die Art der wiedergeborenen Seelen ist verschieden. In vielen Kulturen nennt man das Reinkarnation, die Kabbalisten sagen dazu »Entwicklung von Generationen«. Sie nennen es auch *gilgulim*, Seelenwanderung.

Wir lernen, dass der Körper nur eine Hülle für die Seele, den wesentlichen Teil unseres Seins, ist. Während der »Körper« ersetzt werden kann und auch wird, kehrt die Seele für eine Lebenszeit mit der gesamten Erfahrung und allem Wissen ihrer früheren Leben zurück. Sie kehrt mit neuer Vitalität zurück, die sie erhielt, als sie im Himmel war.

Jede Generation von Seelen unterscheidet sich von der vorhergehenden

Oben: *(Von rechts) die hebräischen Buchstaben Ayin, »Augen«, Pei oder »Mund« und Tzaddi, »rechtschaffen«.*

durch unterschiedliche Ziele und Wünsche. Das führt dazu, dass jede »Seelen-Generation« entlang eines anderen Entwicklungswegs fortschreitet. Manche Generationen leiden mehr als andere, so wie jene, die durch den Holocaust ausgerottet wurde, aber für viele Kabbalisten und Rabbiner ist das der Weg, auf dem jene spezielle Generation Fortschritte machte und Erfahrungen für ihre künftige Entwicklung gewann.

Jedes Mal, wenn eine Seele wiedergeboren wird, versucht sie unbewusst, ihre Existenz zu verstehen. Manche Seelen sind reifer in ihrer Entwicklung als andere, sie suchen aktiv nach der Wahrheit und erkennen, dass sie jenseits der Grenzen ihrer fünf Sinne schauen wollen. Sie ziehen aus, um die Mittel, Bücher und Lehrer zu finden, die ihnen helfen, die spirituelle Welt zu verstehen und in ihr zu arbeiten.

Wenn die verschiedenen Seelengruppen in diese Welt zurückkehren, brauchen sie die beste verfügbare Führung auf ihrem Lebensweg. Daher gibt es in jeder Generation Menschen, die die besten Methoden ihrer Zeit zur Vermittlung des Wissens beherrschen. Die heutige Generation hat Bücher, Fernsehen, Radio, Workshops und das Internet. Wir sind Teil einer hoch entwickelten Seelengeneration mit einer enormen Anzahl von Seelen, die aktiv nach Erkenntnis suchen. Noch nie war das für so viele so einfach. Noch nie war das Interesse an allem Spirituellen so akzeptiert. Es ist auch sehr einfach zu beobachten, wie die Generationen der jetzt geborenen Kinder zunehmend spirituell bewusster und reifer werden.

Am Anfang schuf Gott Himmel und Erde (der göttliche Strahl des Lichts)

Das Universum wurde aus dem Nichts, von einem einzigen Lichtpunkt aus geschaffen. Dieses Nichts nennt man das Unendliche. Das Unendliche war von endlosem Licht erfüllt. Das Licht wurde auf einen einzigen Punkt begrenzt und schuf den ersten Raum. Vor diesem Punkt ist nichts bekannt. Daher wird der Punkt »der Anfang« genannt. Dann sandte das Unendliche einen Lichtstrahl (Energie) aus. Dieser Lichtstrahl verbreitete sich rasch. Alle Materie entsprang diesem Punkt.

Isaac Luria

Bevor die Zeit begann und unser Universum aus einer Explosion entstand, gab es nur unendliche, grenzenlose Kraft reiner Energie – Gott. Diese absolute Kraft war die einzige Realität.

Die Kabbala erklärt uns das Entstehen des Universums mit dem Konzept der *Drei negativen Schleier der Existenz*. Damit wir das Universum und unsere Bestimmung darin verstehen, müssen wir zuerst versuchen, die Folge von Ereignissen zu verstehen, denen wir unsere Existenz verdanken.

Gott ist das grenzenlos Absolute. Daher heißt der äußere Schleier AIN, übersetzt »Das Nichts«. Nichts bezieht sich auf etwas, aber AIN ist jenseits davon. Das zeigt, dass Gott weder oben noch unten, weder ruhend noch in Bewegung ist. Gott ist jenseits der Existenz.

Gott wünschte, sich selbst wahrzunehmen und da er keinen Vergleichsgegenstand hatte, schuf er das Universum. Zuerst aber musste er den Raum schaffen, eine Leere, in der das Universum existieren konnte. Das ist der mittlere Schleier, der AIN SOPH, die »Grenzenlosigkeit ohne Ende«. Die mündliche Überlieferung der Kabbala erklärt, dass der Grund für die Existenz der Menschheit ist, dass »Gott wünschte, Gott zu sehen«, daher nahm Gott ein Stück von sich selbst und schuf dort, wo vorher nichts war, einen leeren Raum – eine Blase – in dem Zustand des schon bestehenden Vakuums. Gott erfüllte diese Blase mit einer Leere, in der ein Spiegel seiner Selbst erscheinen konnte. Diese Tat nennt man *Zimzum*.

Da es keine Existenz ohne Gott gibt, drang das göttliche Licht in diese Blase ein, und sie wurde erfüllt von seiner Göttlichkeit. Dieser Schöpfungsakt wird in Genesis 1, 3 beschrieben: Gott sagte »Es werde Licht«. Durch diesen Akt erkannte Gott seine eigene Existenz und dabei auch die Existenz seines höchsten Willens. Hier erfahren wir auch zum ersten Mal, wie Worte verwendet werden, um den Willen Gottes auszuführen. Dieser Akt lehrt uns die Macht der Wörter als Werkzeuge, was für die meisten Zweige der Kabbala von überragender Bedeutung ist.

Der innere Schleier, der unsere Konzeption von Gottheit und Universum bildet, heißt AIN SOPH AUR, »Bedeutung ohne Ende«. Die Kombination von AIN und AIN SOPH bildet AIN SOPH AUR. Dieses Konzept versucht, die Idee eines Geschehens zu vermitteln, das jenseits menschlichen Vorstellungsvermögens ist. AIN, AIN SOPH und AIN SOPH AUR können als Zustände des kosmischen Unbewussten angesehen werden. Die drei Schleier stellen Gott dar, bevor er sich seiner Selbst bewusst wurde.

Die Wissenschaft beschreibt diese Periode nicht manifester Existenz vor dem Entstehen des uns bekannten Universums als Zeit vor dem Big Bang. Der nächste Abschnitt, als eine Explosion von einem einzigen Punkt aus unser Universum mit seinen Galaxien hervorbringt, wird Big Bang genannt. Für die Kabbala ist das der Punkt, der das Manifestwerden Gottes aus dem Reich des Nichtmanifesten beschreibt. Obwohl Physiker nicht die Mittel haben, die spirituelle Bedeutung des Wie und Warum des Big Bangs zu verstehen, sind die Ähnlichkeiten dieser beiden Beschreibungen vom Entstehen des Universums unheimlich.

»Und das Licht war Gott: Und Gott sah, dass das Licht gut war.« Die Kabbala lehrt uns, dass Gott dann das Universum und alle Lebewesen schuf, die alle ein Abbild von Gottes Licht und Liebe enthalten.

»Dann sprach Gott: ›Lasst uns den Menschen als unser Ebenbild machen.‹ (Genesis 1:26)« Von diesen Worten kommt die kabbalistische

Unten: *Im Hebräischen bedeutet der Buchstabe Samekh »Vollendung«.*

Oben: *Motive des Davidsterns finden sich in vielen kabbalistischen Werken.*

Theorie vom ersten Adam, dem Adam Kadmon, der vom *kav*, dem göttlichen Lichtstrahl, geschaffen wurde. Sein Erscheinen erfolgte in zwei Abschnitten, der erste in Form von zehn Energiestrahlen, der zweite als »menschenähnliches« Wesen, das diese zehn Energiestrahlen umgab.

Adam Kadmon gilt als Geschöpf reinen göttlichen Lichts, das zehn Gefäße reiner Energie besaß, die wir *Sephirot* nennen. Von seinem Aufenthalt in der höchsten Welt aus, ist Adam Kadmon nicht nur hilfreich bei der Emanation der Sephirot, sondern auch bei ihrer Wiederherstellung.

Dieses Bild des Universums wird auch im *Baum des Lebens* vorgestellt, der die Erschaffung der Welt mit allem in ihr und mit uns selbst darstellt. Aus der ersten Emanation des AIN SOPH AUR geht eine Brücke zwischen der negativen Existenz und der eigentlichen Existenz hervor. Sie ist bekannt als EHYEH ASHER EHYEH – ICH BIN DER ICH BIN oder wörtlich »Was sein wird, wird sein«.

EHYEH ASHER EHYEH

ICH BIN DER ICH BIN

Rechts: *Der hebräische Buchstabe Nun wird mit Fruchtbarkeit assoziiert.*

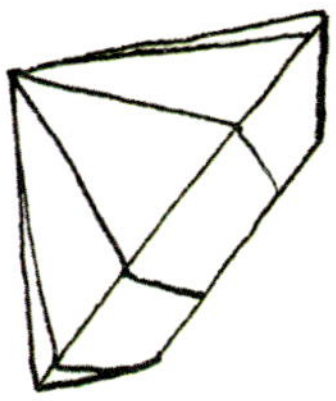

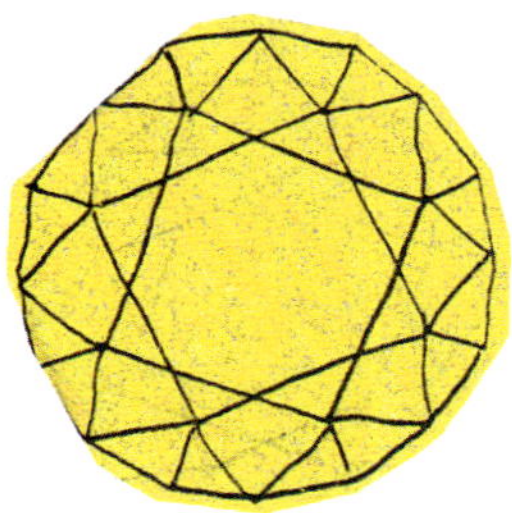

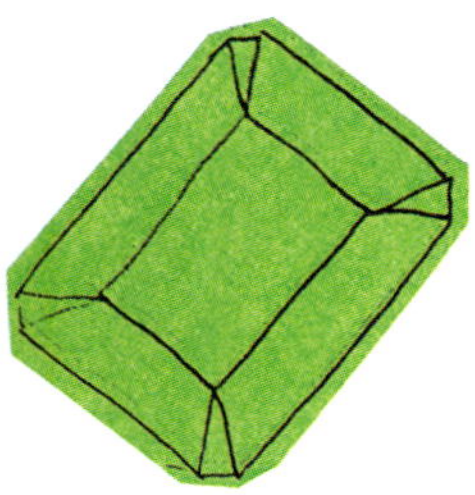

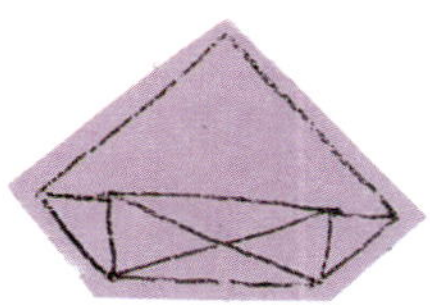

Die Sephirot: Wirbel aus Energie

GEMÄSS DER KABBALA wurde, nachdem AIN SOPH seine Energie auf das ablud, was wir das Universum in seinen verschiedenen Stadien nennen, jede Ebene dichter als die vorhergehende. Die Energie, die aus dem Nichts gekommen war, erhielt mit jeder Schicht mehr Substanz. Die ausströmende Energie folgte einem Muster von Emanation, Begrenzung und Expansion, bis sie sich schließlich verfestigte. Der zehnte und letzte Abschnitt brachte das Universum hervor, wie wir es heute kennen.

Um zu verstehen, wie die Sephirot arbeiten, stellen Sie sich am besten einen Wirbelwind geistiger Energien vor – das sind die spirituellen Strömungen der zehn Sephirot, die die Bausteine des Kosmos und unserer individuellen Persönlichkeiten sind. Diese spirituelle Energie manifestiert sich als Verstand (seichel) und Gefühl (middot). Die Seele (neshama) ist der Kanal, durch den die Energie aus diesen Quellen fließt und alles Sein belebt.

Das Wort »Sephirot« hat im Hebräischen viele Bedeutungen, darunter »funkelnde Lichter«, »Saphire« und »Sphären des Lichts«, die alle einen Zustand beschreiben, eine Welt, zu der die Menschheit strebt.

Der Blitz

MAN SAGT, DASS DIE Sephirot von Gott durch einen Blitz geschaffen wurden, der die Schleier der Existenz durchschlug und sogleich das Universum in dem niedergehenden Energiestrom schuf. Moderne Kabbalisten verbinden das mit dem Schöpfungsmoment, dem Big Bang.

Früher dachte man, dass der Schöpfungsprozess innerhalb von sieben Tagen vollendet war. Heute wissen wir, dass diese »Tage« eigentlich Perioden von mehreren Millionen Jahren waren – eine lange Zeit,

> **Die zehn unbeschreiblichen Sephirot haben die Erscheinungsform eines Blitzes. Ihr Ursprung ist unsichtbar, und kein Ende ist zu erkennen.**
>
> SEPHER YETZIRAH

verglichen mit der Geschichte der Menschheit, aber wahrscheinlich nicht mehr als Minuten oder Sekunden für den Schöpfer.

Der herumirrende Blitz schuf zuerst Keter, dann die anderen neun Sphären und ließ die vertikalen Reihen des Lebensbaums entstehen, die drei Säulen.

Oben: *Mem bezeichnet einen ausgebildeten Lehrer und einen geistigen Führer.*

DER BLITZ UND DIE SEPHIROT

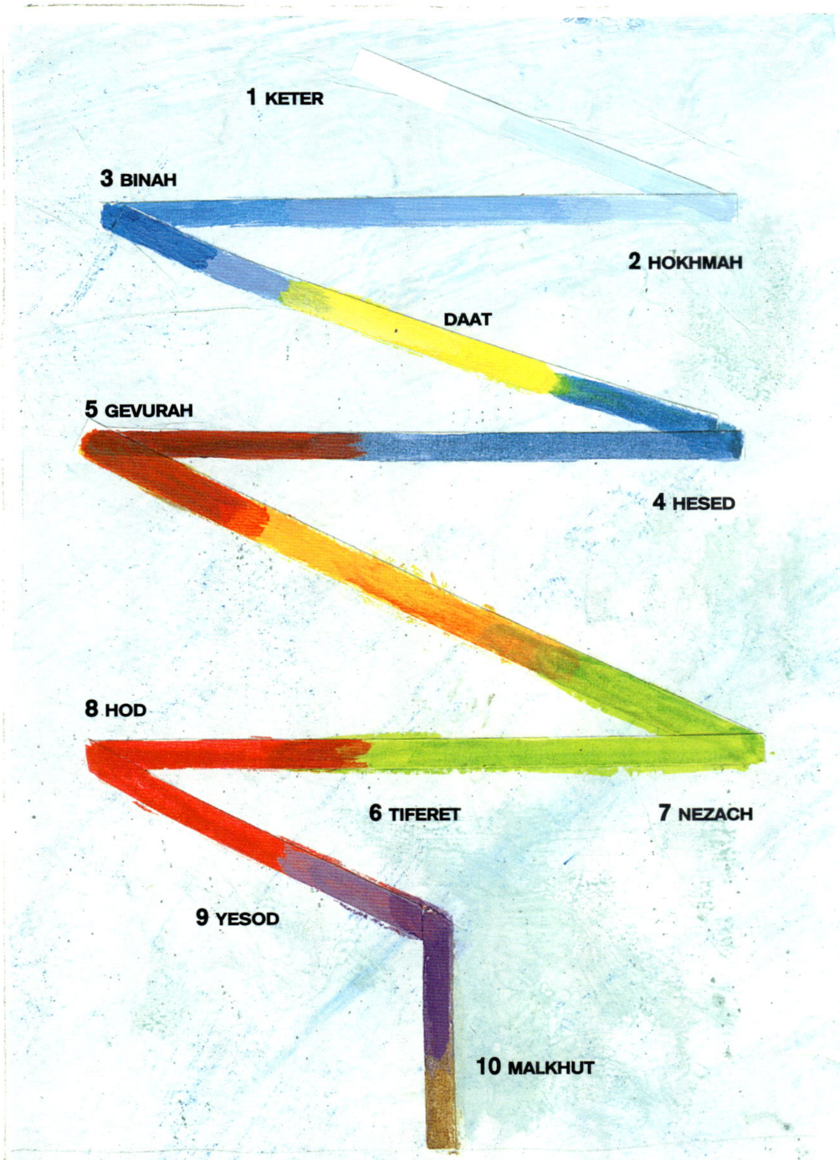

Links: *Der Blitz drückt den Vorgang der Erschaffung aller Sephirot und somit des Universums aus.*

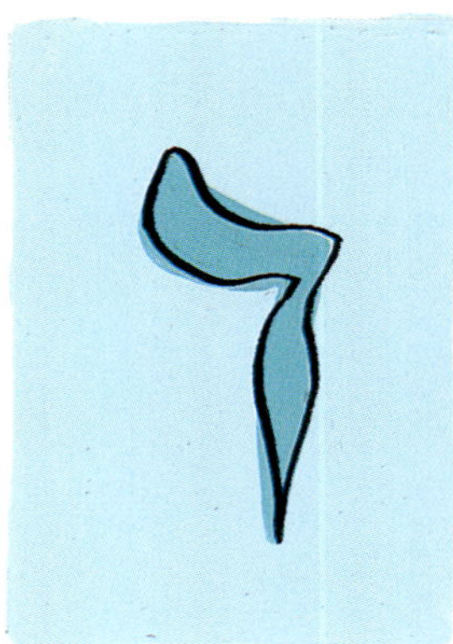

Oben: *Aleph (oben) und Daled (darunter).*

Die Vier Welten

Aus der ersten Emanation des AIN SOPH AUR ging eine Brücke zwischen der negativen Existenz und der eigentlichen Existenz hervor. Man nennt sie EHYEH ASHER EHYEH – übersetzt ICH BIN DER ICH BIN; gemeinhin interpretiert als WAS SEIN WIRD, WIRD SEIN.

Durch diese Brücke des EHYEH ASHER EHYEH enthüllt Gott sich selbst in der Existenz. Und durch die Manifestierung der zehn Sephirot im ersten Baum des Lebens entstand die Welt Atzilut. Aus dem AIN SOPH AUR heraus kam Gottes Wille aus einem Zustand der Verborgenheit in den Zustand der Existenz. Dieser Emanationspunkt ist die Brücke zwischen negativer Existenz und eigentlicher Existenz.

Das hebräische Wort *olamot* bedeutet »Welten«, und obwohl die meisten Kabbalisten von den Vier Welten sprechen und das mit Illustrationen der vier Reiche demonstrieren, ist die Zahl der Welten Wahrheit unendlich.

Die einfachste Vorstellung davon, wie die Sephirot durch diese Vier Welten gehen, ist die von zehn Strahlen schöpferischen Lichts, die durch vier verschiedene Schichten dringen, die je einen eigenen spirituellen Raum einnehmen. Wenn diese zehn Strahlen durch die vier Schichten dringen, ändern sich ihre Eigenschaften, sie werden zu »Geschöpfen« dieser Reiche.

Jede dieser Welten kann als unabhängige Hierarchie angesehen werden, die ihren eigenen Lebensbaum enthält. Da unsere höchste menschliche Manifestation im Reich von Assiya stattfindet, ist die Person, die wir sind, durch den Sephirot des Reichs Assiya bestimmt.

Wegen des vierfachen Aspekts jedes Sephira ist es leicht, die Kabbala auf andere Systeme anzuwenden, wie etwa auf die vier westlichen Elemente Feuer, Luft, Wasser und Erde, auf taoistische Diagramme, auf die Lettern des Tetragramms (des hebräischen Namen Gottes: YHVH), auf die Tarotkarten oder die Karten der Großen Arkana (siehe Seite 124).

Gegenüber: *Die vier Elemente Luft, Feuer, Erde und Wasser verbinden die Vier Welten der Sephirot auf dem Baum des Lebens.*

Atzilut	Der göttliche Wille	**Feuer**
Beriya	Die Welt der Schöpfung (Spiritualität)	**Luft**
Yetzira	Die Welt der Gestaltung (Gefühl)	**Wasser**
Assiya	Die Welt des Manifesten (Zeit, Raum, Bewusstsein)	**Erde**

Atzilut Das Reich Atzilut ist der göttlichen Quelle am nächsten und ist vom Licht der Unendlichkeit (AIN SOPH AUR) nicht zu unterscheiden, das eine Metapher für Gott ist – das Licht des Einen, der unendlich ist. Es beinhaltet die erste und höchste Manifestation der zehn Sephirot, dann teilt es sich in vier Ebenen, die die Erscheinung der drei Welten der tieferen Ebenen, Beriya, Yetzira, und Assiya hervorbringen.

Beriya Das ist die manifeste, in der Genesis beschriebene Welt. Sie entspricht den sieben Schöpfungstagen und ist die Heimat des Reichs der Engel. Diese Welt wird vom Engel Metatron bewacht und bildet die Brücke zwischen Atzilut, der höheren Welt des Gestaltens und Yetzira, der niedrigeren Welt des Gestaltens.

Yetzira Der höchste Punkt von Yetzira reicht bis zum tiefsten Punkt der vorangehenden Welt Beriya. Diese Welt ist weniger ätherisch als die Heimat der Engel und deshalb auch den Menschen besser zugänglich. Sie entspricht dem Garten Eden, und ist der Punkt menschlicher Interaktion vor Adams Abstieg in die Welt Assiya.

Assiya Dieser Begriff steht für die materielle Welt. Sie enthält auch das Reich der »Schalen« (klippot), in dem es unausgeglichene Energien gibt, die aus den ursprünglichen Formen hervorgegangen waren, als Gott das göttliche Licht kontrahierte, um die Welt zu erschaffen.

Es ist egal, ob Sie sich entscheiden, entlang der Äste des Lebensbaums hinauf- oder hinunterzusteigen – das Ziel ist, das Ego aufzulösen und eins zu werden mit dem AIN SOPH: ein offener Kanal mit Gott.

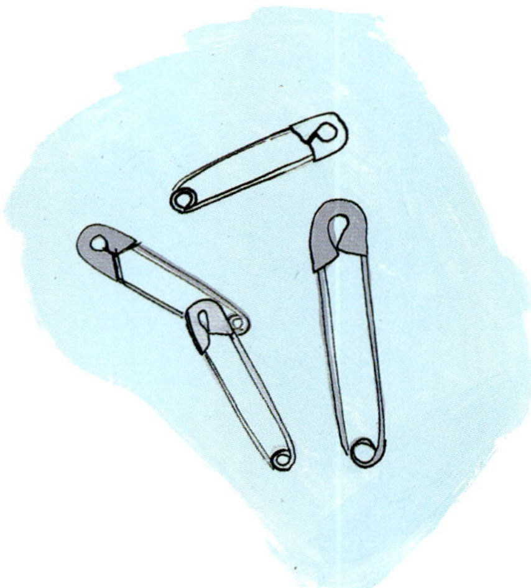

Links: *In unserer Prä-Existenz schreiten wir vor der Geburt durch die Vier Welten. Viele Rituale beschützen die Seele eines Neugeborenen (siehe Seite 64). Metall hat Schutzkräfte, deshalb ist das Tragen von Sicherheitsnadeln heute noch weit verbreitet. Ein rotes Band an die Windeln oder Unterwäsche eines Babys zu heften, ist e anderes populäres Ritual.*

Der Moment unserer Geburt

DIE KABBALA LEHRT, dass jeder von uns im ursprünglichen Leib des Adam Kadmon gegenwärtig war und daher schon vor Beginn der Schöpfung existierte. Der Schöpfungsakt wurde zur Quelle unseres individuellen Schicksals.

Als die Vier Welten entstanden, teilte sich der göttliche Anteil in jedem menschlichen Wesen auf individuelle Zellen auf, die in der Welt Beriya (Schöpfung) wohnten. Wir existierten in diesem Reich, bis wir ins Paradies gerufen wurden, wo unsere Seele, die den göttlichen Funken Atzilut (den göttlichen Willen), eine Yetziratische Form (Entstehung) annahm, um in die physische Welt Assiya geboren zu werden.

Als diese Zeit gekommen war, erschienen wir vor Gott, der jeden von uns instruierte, welches Schicksal wir auf unserem physischen Lebensweg zu

Oben links: *Meditieren über den Buchstaben Resh verstärkt die Intuition. Meditieren über Kuf (darunter links) soll das Wissen vermehren.*

Rechts: *Eine moderne Darstellung des Blitzes.*

Oben: Bevor wir auf die Erde geboren werden, wohnen wir in der Welt Beriya (Schöpfung), dem Paradies.

erfüllen hatten. Obwohl viele von uns sich sträubten, in – wie die Kabbalisten es nannten – das »Tal der Tränen« hinabzusteigen, war die Antwort stets: »Dafür wurdest du berufen, erschaffen, geformt und gemacht.«

Man sagt, dass beim Koitus von Mann und Frau die unsichtbare Seele ihres künftigen Kindes über ihnen schwebt, und wenn es zur Empfängnis kommt, wird diese Seele mit dem embryonalen Assiyatischen Körper der Welt des irdischen Bewusstseins verbunden. Zugleich mit dem Fötus entwickelt sich auch die Seele, die – bevor sie geboren wird – ihr künftiges physisches Leben ansieht, welche Lektionen sie lernen wird, welche Wege sie gehen wird, und welchen Menschen sie begegnen wird.

Mit der Geburt geht dieses pränatale Wissen verloren, so wie die Seele vergisst, dass sie Teil der höheren Welten ist; das Baby wird sich nur seines physischen Lebens bewusst. Manchmal aber wird eine pränatale Erinnerung dunkel ins Gedächtnis gerufen, deshalb haben zwei einander völlig Fremde, die in den geistigen Reichen miteinander vertraut waren, das Gefühl eines Déjà-vu, einer Vertrautheit, die ihnen ihre Seelenverwandtschaft bewusst macht.

Um geboren zu werden, stiegen unsere Seelen durch die Vier Welten herab und durch den Blitz der Sephirot. Später liegt es an uns, den Wiederaufstieg durch die Vier Welten zu beginnen, bis wir unsere spirituelle Bestimmung erfüllen. Dieser Prozess wird durch eine spirituelle Reise abgeschlossen, die uns durch den Blitz in umgekehrter Richtung zurückführt.

Zehn ist die Zahl der Sephirot, zehn, nicht neun, zehn, nicht elf. Verstehe diese Weisheit und sei weise in der Wahrnehmung.

SEPHER YETZIRAH

Wenn die zweiundzwanzig Pfade mit den zehn Sephirot kombiniert werden, umfassen sie die zweiunddreißig.

PFADE DER WEISHEIT

Mit zweiunddreißig mystischen Pfaden der Weisheit prägte Yah, der Herr der Heerscharen, der Gott Israels, der König des Universums.

SEPHER YETZIRAH

Unten: *Der hebräische Buchstabe Vav.*

EINIGE DER FRÜHESTEN Darstellungen des Lebensbaums stammen von Kabbalisten aus dem mittelalterlichen Spanien und der Provence. Ein anderes Schema, das so genannte Lurianische System, basiert auf dem Werk von Isaac Luria, der im sechzehnten Jahrhundert in Safed in Palästina lebte und lehrte.

Das Diagramm des Baums kann auch als Darstellunug der physischen, psychologischen und spirituellen Komponenten der Menschheit gesehen werden. Es besteht aus den zehn Sephirot (Singular: Sephirah) und zweiundzwanzig Pfaden als Verbindung dazwischen. Die Sephirot werden auch als Emanationen, Welten, Sphären und Bewusstseinsebenen übersetzt.

Die Sephirot verkörpern – wie im Baum dargelegt – die Stadien der Schöpfung von den ersten Emanationen Gottes an, und reichen vom niedrigsten Geschöpf bis zum AIN SOPH. Jeder Sephirah ist mit den anderen verbunden, der Suchende kann also an jedem Punkt des Baums beginnen und schließlich bis zu Quelle gelangen.

Alle Sephirot gehen ursprünglich aus dem Schöpfer in der nicht manifesten Gestalt, AIN SOPH, hervor. Seine göttliche Energie fließt durch alle Sephirot wie kristallklares Wasser. Wenn diese Energie aber durch die Sephirot fließt, nimmt sie verschiedene Farben und Formen der materiellen Welt an.

Der Baum wird meist in drei Säulen gegliedert. Der linken Säule, dem *Pfeiler des Urteils*, werden feminine, negative, und passive Aspekte

Oben: *Die Eigenschaften der Sephirot können als drei Pfeiler dargestellt werden (siehe Seite130).*

zugeschrieben; sie besteht aus den Sphären *Binah*, *Gevurah* und *Hod*.

Die rechte Säule, auch *Pfeiler der Gnade* genannt, besteht aus den Spären *Hokhmah*, *Hessed* und *Netzah*. Dieser Säule werden auch die Prinzipien der Männlichkeit, Aktivität und Positivität zugeschrieben.

Die mittlere Säule, die dem ganzen Baum das Gleichgewicht gibt, heißt auch *Pfeiler der Mitte*, sie besteht aus *Keter*, *Daat*, *Tiferet*, *Yesod* und *Malkhut*.

Die häufigsten Namen und Beschreibungen der zehn Sephirot werden in der folgenden Liste angeführt:

Keter	Krone
Hokhmah	Weisheit
Binah	Verstehen
Hessed	Liebe
Gevurah	Strenge
Tiferet	Schönheit oder Harmonie
Netzah	Sieg oder Ausdauer
Hod	Glanz oder Glorie
Yesod	Fundament
Malkhut	Souveränität (oft durch Shekhinah ersetzt)

DER LEBENSBAUM UND DIE SEPHIROT

SCHLÜSSEL ZU DEN SEPHIROT

1 KETER (Krone) **2** HOKHMAH (Weisheit) **3** BINAH (Verstehen) **4** HESED (Gnade) **5** GEVURAH (Urteil) **6** TIFERET (Schönheit) **7** NETZAH (Ewigkeit) **8** HOD (Glorie) **9** YESOD (Fundament) **10** MALKHUT (Königreich)

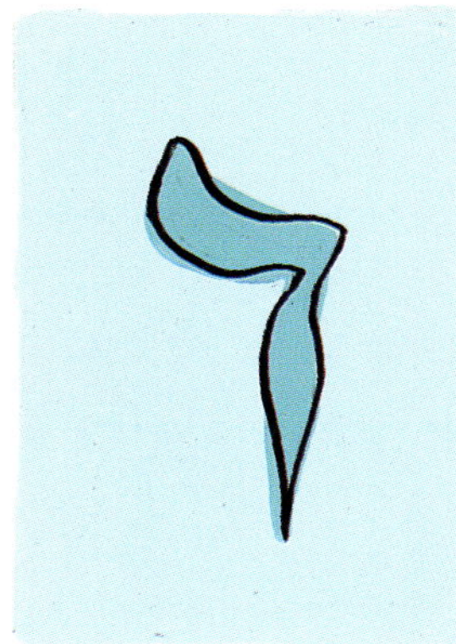

DER BAUM DES LEBENS

Oben links: *Der hebräische Buchstabe Hei, der mit dem Atem in Verbindung steht, und Daled (oben rechts), der die Vier Welten repräsentiert (siehe Seiten 27 und 28).*

DAS WICHTIGSTE SYMBOL der Kabbala ist der Baum des Lebens. Er ist ein Diagramm, das die ganze Schöpfung darstellt – alles, was ist, war und sein wird. Er ist ein mikrokosmischer Schlüssel zur Schöpfung, kann aber auch als Werkzeug verwendet werden, durch das wir jedes Ereignis und jeden Umstand verstehen können.

Der Lebensbaum repräsentiert die gesamte Existenz, so können auch die Energien und Eigenschaften der Sephirot als Darstellung des gesamten menschlichen Wissens gesehen werden. Sie werden in erster Linie als Attribute Gottes beschrieben, man kann sie aber auch als Ausdruck menschlicher Erfahrung beschreiben, denn wir sind nach dem Bild Gottes geformt.

Das Diagramm des Lebensbaums hat viele Entwicklungen durchgemacht, bevor es die heutige Drei-Säulen-Form erhielt. Aus dem *Sepher Yetzirah* haben wir die zweiundzwanzig Pfade, die mit den zweiundzwanzig Lettern des hebräischen Alphabets bezeichnet werden, auf denen die Schöpfung des Universums beruht.

Aus AIN SOPH AUR gehen die zehn Sephirot hervor, denn die Kabbalisten sind sich einig, dass zehn eine perfekte Zahl ist, die im hebräischen Original jede Stelle ohne Wiederholung enthält und so die Essenz aller Zahlen ist.

AIN SOPH AUR

DIE GÖTTLICHE ENERGIE DES SCHÖPFERS

Oben: *Altaramäische (vorhebräische) Texte zeigen Beschriftungen auf Händen als Symbol für Heilung.*

ZWISCHEN BINAH und Hessed liegt ein Seinszustand, Daat – Wissen – genannt, der kein Sephirah ist, aber oft wie einer handelt und behandelt wird.

Um die mentale Reise durch die Vier Welten und die Sephirot des Lebensbaums zu verstehen, ist es wichtig, den mehrschichtiger Symbolismus zu verstehen. Das *Zohar* enthält detaillierte Beschreibungen aller Sephirot, die das Meditieren erleichtern, sie umfassen ihre Lokalisierung in den Vier Welten, ihre entsprechende göttliche Emanation, die mentale menschliche Funktion, den entsprechenden Körperteil und den Heiligen Namen. Die Informationen auf den Seiten 33 bis 38 stellen kurz einige der Attribute der Sephirot dar. Der erste Pfad ist Keter; der zweite Hokhmah; der dritte Binah; das Zentrum bildet Daat; der vierte Pfad ist Hessed; der fünfte Gevurah; der sechste Tiferet; der siebente ist Netzah; der achte Pfad ist Hod; der neunte ist Yesod; und der zehnte ist Malkhut/Shekhinah.

KETER

Der erste Pfad wird Mystisches Bewusstsein genannt. Er ist das Licht, das das Verstehen eines Beginns ohne Anfang vermittelt. Kein Geschöpf kann zu diesem absoluten Sein gelangen.

Sepher Yetzirah

Oben: *Keter bedeutet »höchste Krone«.*

Übersetzung:	Höchste Krone.
Lokalisierung:	Oben im Zentrum.
Beschreibung:	Keter ist der höchste Aspekt der Sephirot, der von Menschen betrachtet werden kann.
Archetypische Welt:	Atzilut/Emanation.
Menschliche Funktion:	Wille und Demut.
Körperteil:	Scheitel und Kopf.
Namen Gottes:	EHYEH –ICH BIN; die Spitze der Letter *Yod* im Tetragramm (dem Vier-Letter-Namen Gottes).
Andere Symbole und Bilder:	Erster Äther; Nichts; der Immer Heilige; vorher; der Ursprung des Willens.

HOKHMAH

Der zweite Pfad wird Erleuchtende Intelligenz genannt. Er ist die Krone der Schöpfung und der Glanz der höchsten Einheit, der er am nächsten steht. Die Kabbalisten nennen ihn die »Zweite Herrlichkeit«.

Sepher Yetzirah

Unten: *Hokhmah oder »Weisheit« als Eiche.*

Übersetzung:	Weisheit.
Lokalisierung:	Rechte Seite.
Beschreibung:	Hokhmah stellt den kontemplativen Aspekt der Gedanken Gottes dar. Das ist der Ausgangspunkt der Schöpfung, die Quelle aller Weisheit und der erfahrbaren Realität.
Archetypische Welt:	Atzilut/Emanation.
Menschliche Funktion:	Weisheit.
Körperteil:	Linkes Ohr, linker Gehirnlappen.
Namen Gottes:	YAH; das *Yod* im Tetragramm (dem Vier-Letter-Namen Gottes).
Andere Symbole und Bilder:	Anfang; Eden; der Ursprung der Gedanken.
Biblische Gestalt:	König Salomon.

Oben: *Binah wird assoziiert mit Verstehen, symbolisiert durch die Hände.*

Rechts darunter: *Daat bezieht sich auf Weisheit und die Mitte.*

BINAH

Der dritte Pfad wird Heiligende Intelligenz genannt. Er ist das Fundament der ursprünglichen Weisheit, genannt Schöpfung des Glaubens. Seine Wurzeln sind AMeN. Er ist die Mutter des Glaubens, der daraus entspringt.

Sepher Yetzirah

Übersetzung:	Urteilskraft, Verständnis.
Lokalisierung:	Linke Seite.
Beschreibung:	Der analytisch unterscheidende Aspekt der Gedanken Gottes.
Archetypische Welt:	Atzilut/Emanation.
Menschliche Funktion:	Verstehen.
Körperteil:	Rechtes Ohr, rechter Gehirnlappen.
Namen Gottes:	YHVH ELOHIM (das im Wort Elohim – Gott – vokalisierte Tetragramm).
Andere Symbole und Bilder:	Höchste Mutter; Höchster Shekhinah; Schoß, Palast; Reue.
Biblische Gestalt:	Lea.

DAAT

Übersetzung:	Weisheit.
Lokalisierung:	Zentrum.
Beschreibung:	Der verborgene Sephirah. Es gibt keine manifesten Entsprechungen. Daat repräsentiert die direkte Meditation über AIN – das Nichts.
Archetypische Welt:	Atzilut/Emanation.
Körperteil:	Hinterhauptslappen, Kehle, Schilddrüse.
Namen Gottes:	YHVH ELOHIM.

HESSED

Der vierte Pfad wird Empfangende Intelligenz genannt, weil er sich wie eine Grenze erhebt, um die Emanationen der höheren Intelligenzen aufzunehmen. Jede geht aus der anderen, durch die Kraft Keters, der ersten Emanation hervor.

Sepher Yetzirah

Übersetzung: Liebe, Mitgefühl, Erhabenheit, Liebenswürdigkeit.
Lokalisierung: Rechte Seite.
Beschreibung: Die gütige (männliche) Seite Gottes.
Archetypische Welt: Beriya/Schöpfung.
Menschliche Funktion: Liebenswürdigkeit, Mitgefühl.
Körperteil: Linker Arm, linke Adrenalindrüsen.
Namen Gottes: EL; Höchster Gott.
Andere Symbole und Bilder: Löwe; Flut.

Oben: *Hessed bedeutet »Liebe« und »Mitgefühl«.*

GEVURAH

Der fünfte Pfad wird Radikale Intelligenz genannt, da er mehr als alle anderen der Höchsten Einheit ähnlich ist und aus den Tiefen der Ersten Weisheit (Hokhmah) hervorgeht.

Sepher Yetzirah

Oben: *Gevurah wird assoziiert mit Gerechtigkeit, Gesetz und Ordnung.*

Übersetzung: Urteil, Macht.
Lokalisierung: Linke Seite.
Beschreibung: Dieser Sephirah repräsentiert die Mächte der göttlichen Strafe und des Missfallens in der Welt. Die Macht und die göttliche Energie zur Kontrolle des Universums. Die zum Ordnung halten notwendige destruktive Energie enthält auch die Saat des dämonischen Bösen – die »andere Seite«.
Archetypische Welt: Beriya/Schöpfung.
Menschliche funktion: Stärke.
Körperteil: Rechter Arm, rechte Adrenalindrüsen.
Name Gottes: ELOHIM GIBOR.
Andere Symbole und Bilder: Das himmlische Gericht; Norden; Furcht (des Isaak, siehe Genesis 31,53); Gold; großes verschlingendes Feuer; das strenge Attribut der Gerechtigkeit; Brot; Wein; Salz; Fleisch.
Biblische Gestalt: Isaak.

TIFERET

Der sechste Pfad wird das Einfließende Intuitive Bewusstsein genannt, in dem der Fluss der Emanationen vervielfacht wird. Er überträgt diesen Einfluss an jene Gesegneten, die damit eins sind.

Sepher Yetzirah

Oben: *Tiferet ist wie der Vogel ein mystisches Symbol des Geists und der Intuition.*

Übersetzung:	Schönheit, Glorie.
Lokalisierung:	Zentrum.
Beschreibung:	Die perfekte Balance zwischen Gerechtigkeit und Gnade zur effizienten und liebenden Kontrolle des Universums. Dieser Sephirah vereint alle neun höheren Mächte. Er umfasst die vereinten Energien von Hohkmah (Weisheit) und Binah (Verstehen).
Archetypische Welt:	Beriya/Schöpfung.
Menschliche funktion:	Selbstbewusstsein.
Körperteile:	Herz, Wirbelsäule, Oberkörper, Blut, Gefäße.
Namen Gottes:	Das Tetragramm (YHVH – der Vier-Letter-Name Gottes, die Letter *Vav* des Tetragramms; YHVH Eloah Ve-Daat; der Eine Heilige, Gepriesen sei Er (der übliche Beiname Gottes in der rabbinischen Literatur).
Andere Symbole und Bilder:	Mitgefühl, Wahrheit.
Biblische Gestalten:	Jakob, Moses, Adam.

NETZAH

Oben: *Die Güte von Netzah verbirgt sich im universalen Matze.*

Der siebte Pfad wir die Verborgene Intelligenz genannt, die hellen Glanz auf alle intellektuellen Tugenden wirft, die mit den Augen des Geistes und der Ekstase des Glaubens gesehen werden.

Sepher Yetzirah

Übersetzung:	Glanz, Ewigkeit, Ausdauer, Sieg.
Lokalisierung:	Rechte Seite.
Beschreibung:	Die aktive Güte von Gottes Gegenwart in der Welt.
Archetypische Welt:	Yetzira/Gestaltung.
Menschliche Funktion:	Bestimmung.
Körperteile:	Linkes Bein, linke Niere.
Name Gottes:	YHVH ZEVA'OT (Herr der Heerscharen).
Andere Symbole und Bilder:	Der rechte Pfeiler (Jachin) im Tempel (1 Könige 7,21).
Biblische Gestalt:	Moses.

HOD

Der achte Pfad heißt Perfekte und Absolute Intelligenz. Aus ihm kommen die Organisationsprinzipien. Er wurzelt in der Tiefe der Sphäre der Herrlichkeit bei der Substanz, aus der er hervorgeht.

Sepher Yetzirah

Übersetzung:	Majestät.
Lokalisierung:	Linke Seite.
Beschreibung:	Hod repräsentiert den unteren Kanal, durch den das Urteil Gottes über die Welt gebracht wird.
Archetypische Welt:	Yetzira/Gestaltung.
Menshcliche Funktion:	Flexibilität.
Körperteile:	Rechtes Bein, rechte Niere.
Name Gottes:	ELOHIM ZEVA'OT (Gott der Heerscharen).
Andere Symbole und Bilder:	Der linke Pfeiler (Boaz) im Tempel (1 Könige 7,21).
Biblische Gestalt:	Aaron.

Oben: *Hod repräsentiert die majestätischen Strahlen von Gottes Urteil.*

YESOD

Der neunte Pfad wird Reine Intelligenz genannt. Er reinigt die Sephirot, prüft und verbessert ihre Erscheinung. Er stellt ihre Einheit her, sodass sie nicht zerstört oder gespalten werden können.

Sepher Yetzirah

Übersetzung:	Fundament.
Lokalisierung:	Zentrum.
Beschreibung:	Das ist der Kanal, durch den Tiferet strebt, sich mit Shekhinah zu verbinden – mit der Gegenwart Gottes.
Archetypische Welt:	Yetzira/Gestaltung.
Menschliche Funktion:	Spirituelles Streben.
Körperteile:	Genitalien.
Namen Gottes:	ELOHIM HAYYIM (der lebendige Gott); SHADDAI EL HAI (Gott der Allmächtige).
Andere Symbole und Bilder:	Der Baum des Lebens; Quelle lebendigen Wassers; Regenbogen; Erinnerung, der Rechtschaffene, Eiche, Liebhaber; Erlöser.
Biblische Gestalt:	Joseph.

Unten: *Yesod ist der Pfad der reinen Intelligenz.*

Oben: *Malkhut bezieht sich auf die Gegenwart Gottes und den weiblichen Aspekt der Schöpfung.*

MALKHUT/SHEKHINAH

Der zehnte Pfad wird Prächtige Intelligenz genannt, weil er über jeden Kopf erhoben ist und seinen Sitz im Verstehen (Binah) hat. Er entzündet das Feuer allen Lichts und bringt die Macht der wichtigsten Gestalten hervor.

Sepher Yetzirah

Übersetzung:	Gottes Gegenwart, Königreich.
Lokalisierung:	Zentrum.
Beschreibung:	Das Shekinah ist ein talmudisches Konzept, für die Gegenwart Gottes in der Welt. Durch Shekhinah können wir das Göttliche erfahren und die Energie der höheren Sephirot empfangen. Mitgefühl und Passivität des Shekhinah werden oft mit Weiblichkeit gleichgesetzt.
Archetypische Welt:	Assiya/Aktion.
Menschliche Funktion:	Wahrnehmung.
Körperteile:	Mund, Füße, Skelett.
Namen Gottes:	ADONAI HA-ARETZ (Herr der Erde); der letzte Buchstabe des Tetragramms (des Vier-Letter-Namens Gottes).
Andere Symbole und Bilder:	Das Shekhinah wird oft als Braut oder Prinzessin dargestellt, deren Liebhaber die Vereinigung der neun höheren Sephirot ist, dargestellt als Prinz/Bräutigam.
Biblische Gestalten:	König David, Rachel.

Die verbindenden Pfade

Die Sephirot sind durch zweiundzwanzig Pfade untereinander verbunden. Sie stellen die Energien dar, die zwischen den Sephirot fließen, und schließlich zur göttlichen Quelle des Schöpfers streben.

Das hebräische Wort für »Pfade« ist *nativot*, eigentlich versteckte oder unentdeckte Pfade. Diese Pfade können nur in Bewusstseinszuständen betreten werden, die durch spezielle spirituelle Handlungen erreichbar sind. Sie können von der individuellen Seele nur auf deren Reise zum Verstehen kosmischer Manifestierung und spirituellen Bewusstseins betreten werden. Die Rastplätze entlang dieser Route sind die Sephirot, die verschiedenen Straßen, die dorthin führen sind die Pfade, mit ihrer einzigartigen Energie.

Jeder Verbindungspfad ist verbunden mit Farben, hebräischen Lettern, archetypischen Bildern, Heilkräften, einem Element, Planeten oder Sternzeichen. Ihre Tarot-Entsprechungen finden Sie in den Kapiteln 2, 4 und 5.

Unten: *Gimel reflektiert die Qualität der Freundlichkeit.*

GÖTTLICHER SCHUTZ

GÖTTLICHER SCHUTZ

OBWOHL DIE KABBALA die Lehre der Spiritualität und der Güte ist, erkennt sie auch, dass es viel Böses um uns herum gibt, das uns nicht nur irreleiten, sondern auch physisch schaden kann. Die spirituelle Welt ist voll von Hexen, Dämonen und Dybbuks, die uns Böses antun wollen, auch die Menschen unserer Umgebung können uns, bewusst oder unbewusst, Übles anhaben.

Unten: *Beit (oben) bezieht sich auf Frieden, Aleph (unten) auf Kreativität.*

FÜR UNS BEDEUTET das Böse meist den Kampf des Teufels oder Satans gegen das Gute Gottes. Die Kabbala lehrt uns aber, dass es nur einen Gott gibt, und dass die Gestalt des Bösen, der Teufel oder Satan, eigentlich sein Bote ist, ausgesandt, um die Menschen zu versuchen. Der Zermürbungskrieg des Guten gegen das Böse, der seit Beginn der Zeiten tobt, ist in Wahrheit der Teufel, der uns in Versuchung führt, böse zu sein. Dabei arbeitet er aber eigentlich für das Gute, für Gott – eine wahrhaft »verzwickte« Situation! Das wird am Beginn des Buches Hiob gezeigt, wo ganz klar Satan als Mitglied des himmlischen Hofes ausgesandt wird, um Hiobs Rechtschaffenheit auf die Probe zu stellen. (Hiob 1, 6–12).

Der Teufel, der uns vom rechten Weg abbringen will, ist also eigentlich ein Bote Gottes, der unsere innere Stärke testet. Nur wenn wir die Macht des Bösen als etwas von Gott Gelöstes auffassen, kann sie uns schaden. Durch die Kabbala lernen wir, zu erkennen, dass auch das Böse ein Geschöpf Gottes ist, wie es in Jesaia 45, 7 heißt: »Ich schaffe das Licht und die Finsternis. Ich mache den Frieden und das Böse: Ich bin der Herr, ich tue das alles.«

Zweck des Bösen ist es, uns allen die freie Wahl zu lassen, welchen Weg wir gehen wollen. Ohne das Böse hätten wir keine Alternative als immer das Gute und Reine zu tun, und somit wäre auch keine Tugend in dem Guten, das wir tun. Gott aber gab uns einen freien Willen, damit wir unseren Weg

wählen können. Die Gegenwart des Bösen ist ein wichtiger Bestandteil Seines Plans.

Wir sind alle für die Versuchung des Bösen anfällig, es ist immer da und lässt unsere Schwächen und Unsicherheiten zu Tage treten. Haben Sie noch nie dieses leise Flüstern in ihrem Kopf gehört, das Gefühle der Eifersucht, des Zorns, des Neids, der Unbarmherzigkeit und der Rachsucht weckt? Es ist dieselbe Stimme, die die Gefühle von Hoffnungslosigkeit, Furcht, Angst, Kummer und Depression entstehen lässt.

Wir sehen also, dass wir in einer Welt leben, in der das Gute gegen das Böse in uns kämpft. Das brachte den Menschen dazu, die Mittel der »Weißen Magie« zu entwickeln, die uns helfen, göttlichen Schutz gegen alle Formen des Bösen zu finden, wenn wir den Versuchungen Satans erliegen – durch unsere eigenen Gedanken und Taten oder durch die anderer.

Viele Schriften der Kabbala erwähnen verschiedene Arten Guter/Weißer Magie, und Wege auf denen wir göttlichen Schutz suchen können, wie Segenssprüche, Gebete und Amulette. Der Großteil der schriftlichen und mündlichen Kabbala wurde ursprünglich durch Generationen von Rabbinern gelehrt, einer Elite von Männern. Es gibt darin viele Verweise auf das Übernatürliche. Von größerer Bedeutung sind aber kabbalistische Traditionen, Aberglauben und Schutzrituale, die hauptsächlich durch Frauen von Generation zu Generation mündlich weitergegeben wurden.

Oben: *In der Kabbala werden Gut und Böse als innerer Kampf zwischen positiven und negativen Gedanken angesehen.*

TÄUSCHEN DES BÖSEN GEISTS

Was steckt in einem Namen?

Oben: *Das Lamed (oben) steht für Rechtschaffenheit., Kaph (darunter) für Intention und Willenskraft.*

Der Name, der einer Person gegeben wird, ist in der Kabbala, wie in anderen Glaubensrichtungen, sehr wichtig. Damit der Engel des Todes nicht irrtümlich das falsche Leben nimmt, werden Kinder nie nach lebenden Verwandten genannt. Viele Ashkenasis (Osteuropäische Juden) glauben auch, dass die Seele eines lebenden Verwandten dadurch geschwächt werden könnte, wenn man ein Kind nach ihm nennt, da Name und Seele eng miteinander verbunden sind. Wenn in Polen mehrere Familienmitglieder in letzter Zeit verstarben, erhielt ein Neugeborenes einen Namen, der nie ausgesprochen wurde, so als ob man den bösen Geistern keine Gelegenheit bieten wollte. Manchmal gab man Kindern einen Kosenamen wie »Alter«, um den Engel des Todes zu täuschen.

Alle jüdischen Babys erhalten einen hebräischen Namen, dies ist eine der bedeutendsten Entscheidungen der Eltern. Der Talmud lehrt nämlich, dass der hebräische Name Auswirkungen auf Leben und Charakter des Kindes hat, daher ist es wichtig, dass die Person, von der dieser Name abgeleitet ist, selbst ein gutes und glückliches Leben hatte.

Isaac Luria, der legendäre Kabbalist, schrieb, dass das gute oder schlechte Verhalten und die Natur einer Person aus der Analyse seines Namens erschlossen werden kann. Es kann etwa ein biblischer Name sein, so wie bei meinem Vater, dessen zweiter Vorname Abraham war, oder es könnte bei einem Mädchen Sarah oder Rachel sein. Man sagt oft, dass Eltern die Zukunft ihrer Kinder bestimmen, wenn sie ihnen Namen geben, denn der Name bestimmt die Persönlichkeit und das Schicksal.

Gemäß dem Arizel ist der zahlenmäßige Wert der hebräischen Buchstaben in einem Namen ein weiterer, extrem wichtiger Faktor für das künftige Leben einer Person (siehe Gemetrie, Seite 148). Das gilt auch für jeden Kosenamen.

Rabbi Elimelech von Lyzhansk, einer der Begründer der chassidischen Bewegung in Galizien, schrieb, dass es eine starke Bindung zwischen der Seele eines Kindes und der Seele jener Person gibt, nach der es benannt wurde. Benennt man ein Baby nach einem Verstorbenen, wird die Seele

Oben: *Der Buchstabe Yod bringt Energie und Veränderung.*

des Verstorbenen in ein höheres himmlisches Reich erhoben, es entsteht eine spirituelle Affinität zwischen der Seele des Verstorbenen und der des Neugeborenen. Dieses spirituelle Band kann weit reichende Auswirkungen auf das Kind haben. Das hebräische Wort für Seele, neshma, wird mit den vier hebräischen Lettern Nun, Shin, Mem und Hei geschrieben. Das hebräische Wort für Name, shem – geschrieben Shin, Mem – ist im Wort neshma enthalten, was die enge Verbindung zwischen dem Namen und der Seele eines Menschen zeigt. Genau wegen dieser Kombination von Glück und Unglück jener Seele, nach der ein Kind benannt wird, zusammen mit der in seinem Namen verborgenen Bedeutung der Zahlen, gibt man jemandem, der ernsthaft erkrankt, einen zusätzlichen Namen wie Chaim (Leben) oder einen ganz neuen Namen, um das Schicksal seiner Seele zu beeinflussen. Man hofft und betet, dass der neue Name eine neue Phase des Glücks – mazel – für die unglückliche Person ankündigt.

Ihr Name und Ihre Seele

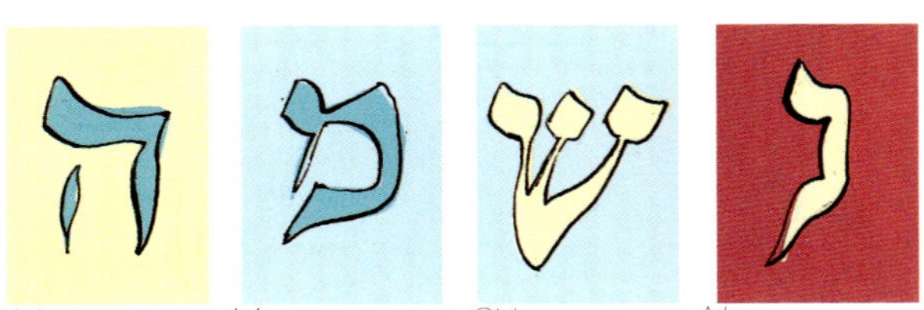

Hei *Mem* *Shin* *Nun*

Oben: *Einen Spiegel zu zerbrechen, soll Unglück bringen, denn ein Spiegel ist die Reflexion des Selbst. Der Körper braucht sieben Jahre, um seine Zellen zu erneuern, daher kommen sieben Jahre Pech.*

Spieglein, Spieglein an der Wand

Der Gebrauch von Spiegeln gehört zu den ältesten Ritualen, die heute noch praktiziert werden. Ein Spiegel, meint man, reflektiert eine Version des Originals, und wenn ein Spiegel beschädigt wird, beschädigen wir uns selbst. Man kann daher sagen, dass wir unsere Seele schädigen, wenn wir unser Spiegelbild beschädigen. Der Spruch von den »sieben Jahren Pech« stammt vom Glauben, dass der Körper seine physiologische Erscheinung alle sieben Jahre ändert, und dass jede Störung der Reflexion das Verhältnis von Körper und Seele beeinträchtigt.

Verzweifeln Sie aber nicht, wenn Sie einen Spiegel zerbrechen, denn es gibt Mittel, den Schaden für Ihre Seele zu begrenzen. Sie könnten drohendes Unheil neutralisieren, indem Sie die Scherben in einem südwärts fließenden Fluss waschen, oder sie im Boden vergraben. Schauen Sie jedenfalls nie in einen zerbrochenen Spiegel und bringen Sie ihn außer Haus.

Wenn ein Jude stirbt, sitzt auch heute noch meist die Familie sieben Tage in Trauer beisammen (shiva). Während dieser Zeit werden alle Spiegel im Haus verhängt, damit die Seele des Verstorbenen nicht versucht wird, die Seele eines lebenden Verwandten mit auf die Reise zu nehmen.

DYBBUKS UND DÄMONEN

Gegenüber und oben: *Tet (gegenüber) wird mit Güte assoziiert oder mit göttlichem Licht. Zayzin (oben rechts) repräsentiert Einheit und die Zahl sieben; Chet (oben links) gibt Führung und Vitalität.*

Dybbuks

DAS HEBRÄISCHE WORT *Dybbuk* bedeutet »eng anliegend« oder »fest haftend«. Ein Dybbuk ist eine rastlos wandelnde, körperlose Seele, die einen Körper sucht, der aus verschiedenen Gründen anfällig ist, in ihn eindringt und an ihm festhält. Er spricht durch den Mund der besetzten Person mit einer neuen Stimme, es kommt zu einer Persönlichkeitsveränderung. Manchmal ist ein Dybbuk keine menschliche Seele, sondern ein Dämon, der sich mit einer Frau vereint, und sie in eine Hexe verwandelt.

Ein Dybbuk wird durch Exorzismus ausgetrieben und verlässt den befallenen Körper durch die kleine Zehe. Davor muss er gezwungen werden, sich selbst zu identifizieren, damit der Rabbi die richtigen Gebete sprechen kann, durch die die Seele Ruhe findet. Wenn er ohne diesen Vorgang entfernt wird, wird er versuchen, sich mit einem anderen Körper zu verbinden.

Der Glaube an solche Geister war im sechzehnten und siebzehnten Jahrhundert in Osteuropa weit verbreitet, und Menschen, die vermutlich an Nerven- oder Geisteskrankheiten litten, wurden oft zu den Rabbinern gebracht, die einen Exorzismus vornahmen.

Chaim Vital Calabrese (1543–1620), ein führender Anhänger von Isaac Luria, erzählte von einem Mann, der eine Reihe illegitimer Kinder zeugte. Als er starb, irrte seine Seele fünfundzwanzig Jahre lang herum, bis sie von einer Frau Besitz ergreifen konnte, die zornig war. Die Seele konnte ihr Haus betreten, weil es nicht von einer Mezuzah am Eingang beschützt war.

In der Kabbala gibt es viele Geschichten über von Dybbuks besessene Menschen. Es gibt auch das berühmte Drama »Der Dybbuk«, um 1916 vom jüdischen Gelehrten und Volkskundler S. Ansky, ursprünglich auf Jiddisch geschrieben, und seither in viele Sprachen übersetzt und auf der ganzen Welt aufgeführt. Die Geschichte spielt Ende des 19. Jahrhunderts und er-

Links: *Der hebräische Buchstabe Tzaddi (oben) bedeutet »rechtschaffen« und Pei (unten) wird mit Kommunikation assoziiert.*

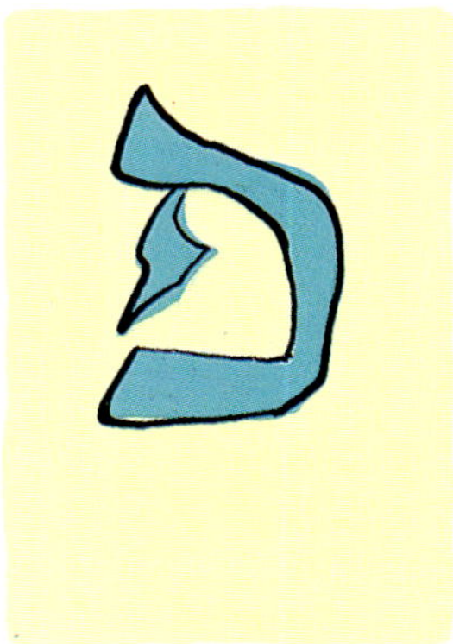

zählt von zwei unglücklich Liebenden: Chanon, ein ergebener, aber mittelloser Student der Kabbala und Lea, die junge Frau, die er anbetet. Ohne es zu wissen, waren sie seit ihrer Geburt einander versprochen, aber Leas Vater bricht den Heiratsvertrag und bietet Lea einem reichen Mann an.

Chanon, vom langen Fasten und Gebet geschwächt, stirbt sofort, als er die Nachricht hört. Er wird zu einem Dybbuk und befällt Leas Körper, in der Hoffnung, ihre Liebe auf ewig zu besitzen. Der größte Teil des Stücks handelt von den kabbalistischen Versuchen, den Dybbuk aus Lea auszutreiben. Am Ende entscheidet sich Lea für die seelische Verbindung mit dem gequälten Geist Chanons, statt für die Ehe mit einem Mann, den sie nicht liebt.

Dämonen

Dämonen wurden in der Dämmerung am Abend des ersten Sabbat erschaffen.

NACH *ETHIK DER VATER*, 5,6

Und die Erde soll lebendige Geschöpfe hervorbringen.

GENESIS 1,25

DIESE »LEBENDIGEN GESCHÖPFE« waren nach dem Rabbi Juda 1, dem Patriarchen, die Dämonen. Der Heilige schuf ihre Seelen, aber als er gerade dabei war, ihre Körper zu schaffen, begann die Sabbatruhe, und er konnte sein Werk nicht vollenden.

Weil die Dämonen gerade in der Sekunde vor dem ersten Sabbat der Schöpfung gemacht worden waren, hatte Gott keine Zeit, ihnen Körper zu geben, sie blieben also körperlose Geister.

Oben und unten: *Einige Kabbalisten glauben, dass Dämonen aus Feuer und Luft geschaffen werden, und dass sie im Wasser leben.*

Die Angst vor Dämonen und bösen Geistern fasste im Mittelalter Wurzeln, ausgehend von bestehenden talmudischen und kabbalistischen Schriften. Dämonen wurden als Wesen zwischen Engeln und Menschen beschrieben, sie waren unsichtbar, hatten Flügel und konnten keinen Schatten werfen. Sie lebten gewöhnlich an unbewohnten Orten und konnten sich als Menschen, Tiere oder sogar unbelebte Objekte verkleiden.

Einer der wichtigsten frühen Einflüsse stammte von den babylonischen Juden, die im Exil in einer Welt voller Geister und Dämonen gelebt hatten, einige davon gütig, andere böswillig. Sie waren unsichtbar:

»Wenn das Auge sie sehen könnte, könnte sie niemand ertragen. Sie umgeben einen von allen Seiten. Sie sind zahlreicher als die Menschen, jeder hat tausend zu seiner Linken und tausend zu seiner Rechten.«

Die Gegenwart und der Aufenthalt von Dämonen war genau beschrieben. Sie bewohnten Luft und Bäume; Wasser, Hausdächer und Toiletten. Besonders gefährlich war die Nacht, vor allem für diejenigen, die allein schliefen oder Dinge zu zweit taten (also die Mehrheit der Bevölkerung). Zu besonderen Zeiten galt es als gefährlich, Wasser zu trinken, da das Menstruationsblut der Dämoninnen angeblich bestimmte Brunnen vergiftete.

Die Kabbala versucht, die Dämonologie zu systematisieren, obwohl die kulturelle Umwelt und Sichtweise jedes einzelnen Kabbalisten zu unterschiedlichen Anschauungen beitrug.

Nahmanides schrieb, Dämonen (shedim) seien im Abfall (shedudim), an verwüsteten, kalten und unbewohnten Plätzen zu finden, und dass sie aus Feuer und Luft geschaffen worden seien. Ihre feinen Körper sind für Menschen unsichtbar, und sie können durch Feuer und Luft fliegen. Im Midrash lernen wir, dass Samen, der vergeudet wird, von bösen Geistern verwendet werden kann, um ihre eigene Art zu produzieren.

Der Talmud lehrt uns, die Nacht zu fürchten, denn das ist die Zeit, in der die Dämonen herauskommen:

»Es ist verboten, einander nachts zu grüßen, denn wir fürchten, dass der andere ein Dämon sein könnte.« (Megilla 3a)

Oben: *Da Teiche als Verstecke von Dämonen gelten, sollte man nachts nicht daraus trinken.*

Dämonen sind meist schädlich und verursachen Krankheiten. Im folgenden Abschnitt wird das Gegengift für diese Gefahr gezeigt. Das Gegengift gleicht einem »Abrakadabra«-Amulett, in dem jede Zeile um einen Buchstaben kürzer ist als die vorhergehende (siehe Seite 61):

Unsere Rabbiner lehrten: Niemand sollte nachts Wasser aus Flüssen oder Teichen trinken, und wenn es einer tut, kommt sein Blut über ihn wegen der Gefahr. Was ist die Gefahr? Die Gefahr der »Shabriri« (Dämonen der Blindheit). Aber wenn er durstig ist, was hilft ihm? Wenn jemand bei ihm ist, sollte er zu ihm sagen: »So-und-so, Sohn des So-und-so, ich bin durstig nach Wasser.« Ansonsten soll er zu sich selbst sagen: «Oh, So-und-so, meine Mutter sagte mir: Hüte dich vor dem

SHABRIRI
BRIRI
RIRI
IRI
RI
R

Ich bin durstig nach Wasser in einem weißen Glas.«

Talmud, Pesachim 112a

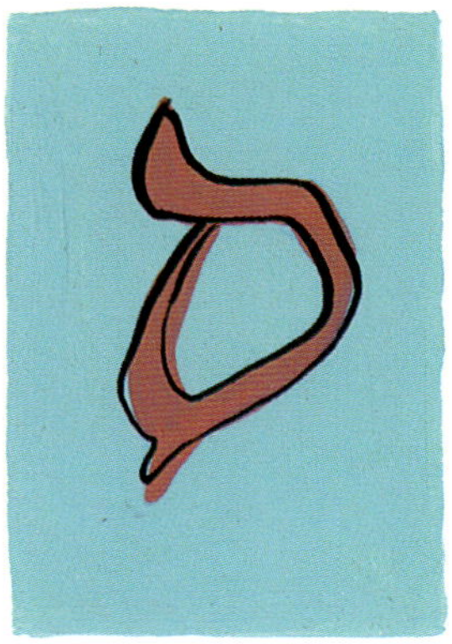

Oben: *Die hebräischen Buchstaben Ayin (oben) und Samekh (darunter) repräsentieren Intuition beziehungsweise den Schutz Gottes.*

DAS *ZOHAR* FÜHRT den Ursprung der Dämonen auf das Resultat von Geschlechtsverkehr zwischen Menschen und dämonischen Kräften zurück, während spätere kabbalistische Schriften von Dämonen sprechen, die von Menschen geboren wurden und so eine illegitime Nachkommenschaft schufen, die *banim shovavim* (Söhne des Bösen). Wenn der Tod kommt, begleiten diese Söhne den Toten und stecken einen Bereich auf dem Grundstück des Toten ab. Das ist der Grund für den Brauch, die Toten in einem Friedhof einzuschließen, um die Dämonen fernzuhalten.

Es gibt viele Zeiten, in denen wir besonders empfänglich für Dämonen und Dybbuks sind, die in unseren Körpern Schaden verursachen. Gerade wenn wir am schwächsten sind, müssen wir sie täuschen.

Das *Zohar* lehrt, dass die Geister böser Menschen nach ihrem Tod Dämonen werden, aber es lehrt auch, dass es Dämonen mit gutem Charakter gibt, die den Menschen Dienste erweisen und helfen. Man nennt diese von Ashmedal (Asmodeus) regierten Dämonen »jüdische Dämonen«.

Im *Zohar* steht auch, dass Dämonen oft mit Menschen Scherze treiben, ihnen Lügen über die Zukunft erzählen und in ihre Träume eindringen und Wahrheit mit Lüge mischen. Ihre Füße werden als verkrüppelt beschrieben (*Zohar* 3.229b). In kabbalistischen Quellen werden vier Mütter der Dämonen erwähnt: Lilith, Naaman, Agrah, und Mahalath (oder Rahab).

Manchmal verursachen diese Dämonen Chaos und Gefahr in der Welt. Zu besonderen Zeiten und Orten lehren sie männliche und weibliche Hexen die Kunst des Okkulten und der Hexerei.

LILITH

Oben: *Der hebräische Buchstabe Nun ist ein Symbol für die Lebenszyklen.*

Die wilden Kreaturen der Wüste sollen sich mit den Schakalen treffen. Der Ziegendämon soll nach seinen Gefährten rufen, auch Lilith soll hier ruhen und einen Platz zum Rasten für sich finden.

ISAIAH 34,14

ZWEIFELLOS IST LILITH der berühmteste Dämon und es gibt dutzende widersprüchliche Geschichten und Überlieferungen über sie. Erstmals wird sie im so genannten Alphabet von Ben-Sira erwähnt, das wahrscheinlich zwischen 600 und 1000 geschrieben wurde, obwohl viele Gelehrte glauben, dass die Lilith-Legende viel älter sein könnte. Diese Geschichte scheint in zwei unterschiedlichen Traditionen ihre Wurzeln zu haben – Lilith des Talmud und Lilith als die »erste Eva«.

LILITH IM *TALMUD*

IM BABYLONISCHEN *TALMUD* wird Lilith als geflügelter weiblicher Dämon mit wildem Haar und dem Gesicht einer Frau beschrieben (Eruvin 100b). Sie scheint nymphomanische Züge zu haben, denn, wie Rabbi Haninah erzählt (Shabbath 151b), kann jede Person, die allein in einem Haus schläft, von ihr ergriffen werden. Sie ist auch die Mutter von Dämonen, und der Dämon Hormin soll einer ihrer Söhne sein (Batra 73a).

LILITH IN DER *MIDRASH* – DIE »ERSTE EVA«

Adam und Lilith begannen zu kämpfen. Sie sagte: »Ich werde nicht unten liegen«, und er sagte: »Ich werde nicht unter dir liegen, sondern nur oben. Denn du bist nur dazu gemacht, in einer unteren Position zu sein, während ich für eine höhere geschaffen bin.«

ALPHABET DES BEN-SIRA

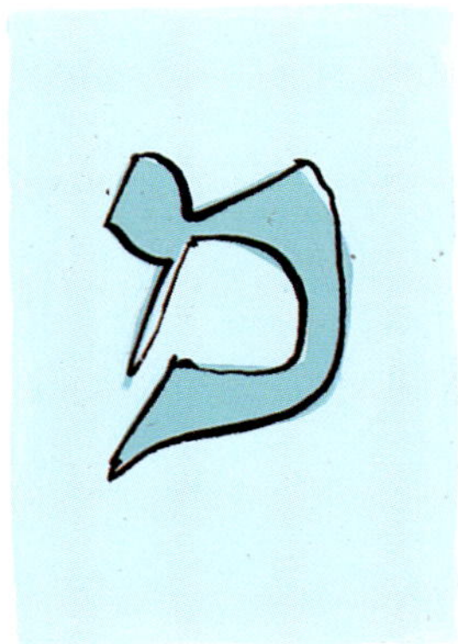

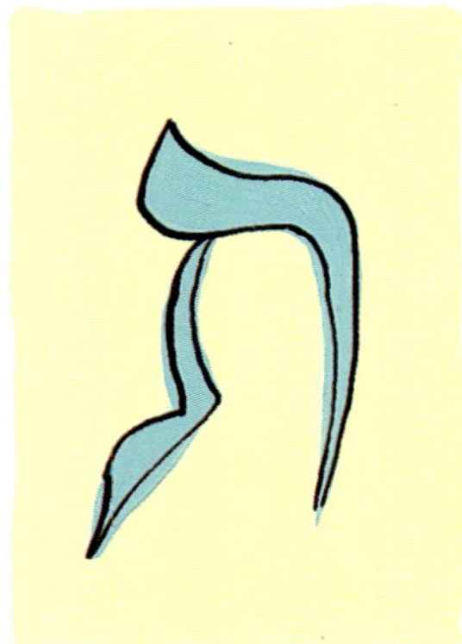

Rechts: *Tav ist ein Symbol für spirituelles Lernen.*
Links: *Mem ist der erste Buchstabe des hebräischen Worts molech, Engel.*

Das *Alphabet von Ben-Sira* erzählt, wie Gott eine Frau aus der Erde als Gefährtin für Adam schuf. Diese Frau hieß Lilith. Sie verlangte Gleichheit mit Adam und war beleidigt, dass sie, wenn sie Sex hatten, am Rücken liegen musste. Daher stritten sie, und als Adam versuchte, sie mit Gewalt zum Gehorsam zu bringen, wurde sie zornig und flog durch die Luft zum Roten Meer.

Gott sandte drei Engel – Sanvai, Sansanvai und Semanglof – im erfolglosen Versuch Lilith zurückzubringen. Gott warnte sie, dass, falls sie sich weigerte zurückzukehren, jeden Tag hundert ihrer Kinder sterben würden. Die Engel fanden Lilith am Roten Meer und teilten ihr Gottes Warnung mit, aber sie weigerte sich zurückzukehren. Als sie von ihrer Strafe hörte, schwor sie, allen männlichen Kindern bis zum achten Tag nach ihrer Geburt Böses anzutun und allen weiblichen bis zum zwanzigsten Tag nach ihrer Geburt. Sie schwor den Engeln, dass sie einem Kind nicht schaden würde, wenn sie die Namen der drei Engel oder ihre Gestalten auf einem Amulett sehen würde. Sie stimmte auch zu, dass hundert ihrer Kinder jeden Tag sterben sollten. Man sagt daher, dass jeden Tag hundert Dämonen verschwinden.

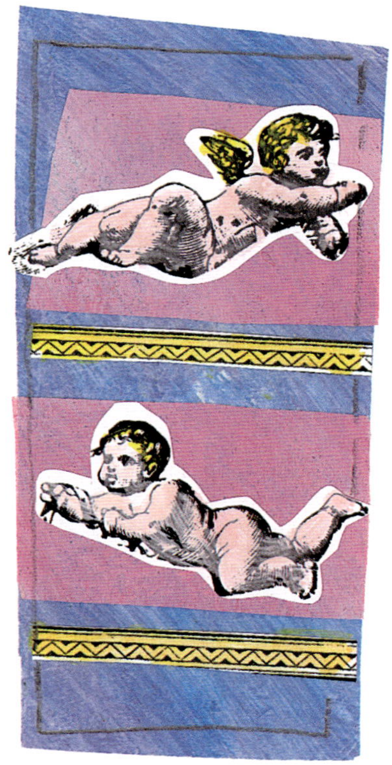

Lilith in der Kabbala

Es gibt verschiedene und oft widersprüchliche Ansätze in kabbalistischen Texten verschiedener Perioden, aber insgesamt wird Liliths Bild als komplex und böse gezeichnet. Während einige den Mythos vom *Alphabet of Ben-Sira* ableiten, verfolgt das *Zohar* die Theorie, dass Adam ursprünglich ein Hermaphrodit war, der männliche und weibliche Elemente hatte. Das wird von Rabbi Levi weiterentwickelt, der sagt:

Als der Mensch geschaffen wurde, wurde er mit zwei Gesichtern geschaffen, und Er sägte ihn entzwei, sodass zwei Körper entstanden, der männliche und der weibliche.

Links: *Lilith wird oft als dämonisierte Femme fatale dargestellt, in der westlichen Kultur als Meerjungfrau symbolisiert. Einige kabbalistische Texte sehen sie als Räuberin von Neugeborenen, gegen die man sich nur durch Amulette schützen kann.*

Unten: *Der Buchstabe Shin.*

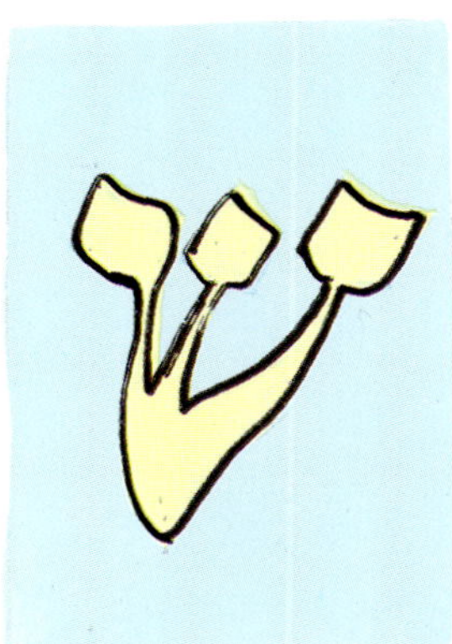

Das *Zohar* führt das Thema von Adams doppelgeschlechtlicher Natur weiter aus und verbindet es mit Lilith:

Das Weib war an der Seite des Mannes festgemacht, bis Gott ihn in tiefen Schlummer versetzte ... dann schnitt Er sie von ihm ab, schmückte sie wie eine Braut und brachte sie zu ihm wie geschrieben steht: »Und Er nahm eine seiner Seiten und verschloss die Stelle mit Fleisch.«

In beiden Erzählungen wird Lilith als völlig gleichwertig mit Adam angesehen, entweder aus derselben Erde geschaffen oder als Hälfte des ursprünglichen Hermaphroditen. Ihre feministische und freigeistige Position verschwindet in späteren Texten völlig, und ihre Gleichheit mit Adam wird nicht länger geduldet, wie man im Kommentar zu Genesis 2,23 sieht:

Links: *Der Buchstabe Kuf (rechts) bedeutet »empfangen, Resh (links) bedeutet »die Sinne transzendieren«.*

Das ist Bein von meinem Bein, Fleisch von meinem Fleisch, es soll Frau heißen.

Der Verfasser kabbalistischer Legenden aus dem 17. Jahrhundert, des *Yalhut Re'uvenie*, sagt dazu:

Am Anfang, als der Heilige, Er sei gepriesen, (die erste) Eva schuf, schuf er sie nicht aus Fleisch, sondern aus dem Schmutz der Erde und den Ablagerungen.

In demselben Buch finden wir die Behauptung, dass Lilith, gemeinsam mit einem anderen weiblichen Dämon namens Naamah, mit Adam Geschlechtsverkehr hatte und »Plagen über die Welt brachte«.

In der mystischen Tradition der Kabbala scheint Lilith zwei Hauptfunktionen zu haben. Sie verführt Männer und bringt durch deren nächtliche Ergüsse hunderte dämonische Kinder zur Welt. Auf der anderen Seite sind ihr alle neugeborenen Kinder ausgeliefert, wenn sie nicht durch Amulette vor ihr geschützt sind. Sie wird in der Kabbala immer wieder als Verführerin der Männer und als dämonische Hexe beschrieben.

Schutz für Ihre Kinder

AMULETTE MIT DEN Namen der drei Engel – Sanvai, Sansanvai und Semanglof – beschützen Neugeborene vor Lilith, denn sie versprach Gott, dass sie Neugeborene nicht töten würde, die von diesen Namen geschützt sind. Ähnliche Amulette schützen gebärende Frauen und sollten über dem Bett und an allen vier Wänden des Raumes angebracht werden.

Knaben sind gefährdet bis sie, gewöhnlich nach dem achten Tag ihrer Geburt, beschnitten werden. Mädchen müssen durch Amulette bis zu zwanzig Tage nach ihrer Geburt geschützt werden. Ein scharfes

Oben und oben rechts:
Ein Messer unter dem Kopfpolster schützt gegen Dämonen, ein rotes Band und Knoblauch in der Nähe des Kinderbetts schützen vor Lilith.

Metallmesser wird unter den Polster gebärender Frauen gelegt, denn Dämonen mögen kein Metall. In einigen Gemeinden werden Süßigkeiten während der Wehen unter das Bett der Mutter gelegt, um die Aufmerksamkeit der bösen Geister von ihr und dem Baby abzulenken.

Manchmal, wenn ein Baby im Schlaf lacht, kann es sein, dass Lilith mit ihm spielt. Es ist daher ratsam, dem Baby auf die Nase zu tippen, um Lilith zu vertreiben. Ein rotes Band und Knoblauch sollten in der Nähe des Kinderbettes platziert werden. Als meine Kinder Babys waren, sorgte meine Mutter immer dafür, dass ich ein rotes Band entweder in die Babywäsche nähte oder mit einer Sicherheitsnadel befestigte.

Die Farben Rot und Blau schützen vor Dämonen, und böse Geister kann man verscheuchen wenn man dreimal in ihre Richtung spuckt.

Dämonen, böse Geister, Hochzeiten

BRAUTLEUTE sind während und unmittelbar nach der Hochzeit besonders gefährdet, man glaubt nämlich, dass Dämonen und böse Geister besonders eifersüchtig auf den Bräutigam sind.

Um die Dämonen zu täuschen, die wirklich dumm sein können, gibt man Asche auf die Gesichter des Brautpaares, damit diese nicht schön und glücklich aussehen. In einigen chassidischen Gemeinden betreten heute noch die Brautleute weinend und betend die Synagoge, weil man ihnen sagt, dass sie in diesem spirituellen Moment Gott ganz nahe sind, und dass sie für ihre Gemeinde beten sollen. Der Ursprung dieser Tradition wird oft vergessen, aber durch diese Akt der Buße für die Gemeinde bringt man die Dämonen auf die falsche Spur, da ja Braut und Bräutigam normalerweise strahlend und glücklich sein sollten.

Braut und Bräutigam werden oft auch in ihrer Hochzeitsnacht bewacht. In manchen Gemeinden verlassen die Jungvermählten sieben Tage lang nicht ihr Heim, bis die Gefahr, von Dämonen befallen zu werden, vorüber ist. Der Bräutigam sollte an seinem Hochzeitstag nicht allein gelassen werden, da er für Dämonen und den bösen Blick empfänglich ist.

In einigen sephardischen Gemeinden des Nahen Ostens bringt die Braut nach der Zeremonie ihr Haar in Unordnung, um die Dämonen zu täuschen und ihnen vorzumachen, sie sei nicht glücklich und strahlend. Bei einigen jüdischen Hochzeiten werden die Brautleute mit zwei Kerzen zur *Chuppah*, dem Hochzeitsbaldachin, eskortiert, weil Dämonen Feuer und Licht fürchten.

Heute wird am Ende jeder jüdischen

Oben: *Der Buchstabe Vav.*
Unten links: *Das Hei.*

Unten: *Am Ende einer jüdischen Hochzeit wird Glas als Schutz gegen das Böse zerbrochen.*

Oben: *Daled (oben) lehrt uns, den sechsten Sinn zu entwickeln. Gimel (unten) fördert Wachstum und Großzügigkeit.*

Hochzeitszeremonie ein Glas zerbrochen. Viele glauben, dass dieser Brauch etwas mit der Zerstörung des Tempels in Jerusalem zu tun hat, aber eigentlich soll das Geräusch des zerbrochenen Glases vor Dämonen, bösen Geistern und Verwünschungen schützen. Im Mittelalter gab es in Deutschland einen eigenen Stein, den Traustein, der in der nördlichen Außenmauer einer Synagoge angebracht war, an dem das Glas zerschmettert wurde. Die Glassplitter sollten die von Norden kommenden Dämonen treffen und Schutz gegen das Böse bieten.

Während der Hochzeitszeremonie befindet sich der Bräutigam in Lebensgefahr durch Dämonen und böse Geister, bis die Braut drei- oder siebenmal unter dem Hochzeitsbaldachin um ihn herumgeht. Sie zieht dabei einen schützenden Kreis – einen »magischen Zirkel« – um den Bräutigam.

Dämonen, böse Geister und der Tod

SCHWANGERE SOLLTEN KEINE Friedhöfe betreten, sie sind nämlich besonders gefährdet, von bösen Geistern und Dybbuks befallen zu werden. Man muss seine Hände immer unter fließendem Wasser waschen, wenn man einen Friedhof verlässt, damit böse Geister nicht daran haften bleiben und mit herauskommen.

Ich wurde so erzogen, das ich nicht auf einen Friedhof gehen durfte, solange noch meine Eltern am Leben waren. Das wäre eine Herausforderung an das Böse gewesen, sie zu befallen. Manche Leute reißen beim Verlassen eines Friedhofs einige Grashalme aus und werfen sie hinter sich, um eventuell lauernde böse Geister zurückzuschlagen.

Man sollte nach einem Todesfall Wasser ausgießen, damit böse Geister und Dämonen nicht darüber kommen können. Man verhindert so auch, dass die Seele des Verstorbenen im Haus gefangen gehalten bleibt.

Der Körper eines Toten sollte vor dem Begräbnis nicht allein gelassen werden, die Familie oder Gemeindemitglieder wachen und lesen Psalmen für den Fall, dass böse Geister den Körper entführen wollten.

DER BÖSE BLICK

Oben: *Der Buchstabe Aleph (rechts) steht für Stärke. Beit (links) bezieht sich auf Friedfertigkeit.*

Der Aberglaube vom bösen Blick hat sich im Lauf der Geschichte in allen Kulturen und Zivilisationen verbreitet. Sie werden vielleicht darüber lachen, aber haben Sie nicht auch schon negative Ausstrahlung bei jemandem gefühlt, oder fühlten Sie sich geistig und emotionell erschöpft, nachdem Sie mit jemandem gesprochen hatten, persönlich oder am Telefon? Durch die vielen, die sich um Hilfe an mich wandten, weiß ich, dass dieses Problem immer noch existiert, allerdings in anderer Gestalt – negative Ausstrahlung, emotionale Erschöpfung, Energievampire und psychische Angriffe, das sind nur einige Beschreibungen davon, wie man andere in seiner Umgebung wahrnimmt.

Die Kabbala nennt zwei Quellen des bösen Blicks. Entweder geht er von jemandem aus, der eifersüchtig und gehässig ist oder von einer unabhängigen übel wollenden Kraft, die die Welt durchstreift und mit Dämonen verbunden ist. Diese Kraft stammt von einem bösen Engel, der durch einen bösen Gedanken oder Blick zum Leben erweckt wird.

In der Verborgenheit der mystischen Tradition der Kabbala gibt es einige kaum bekannte Wege, sich selbst zu schützen und die negative Schwingungen zu beseitigen. In einem der Rituale, die ich beschreiben möchte, können sie sogar dorthin zurückgesandt werden, woher sie kommen. Mein Vater lehrte mich, dass die Macht der Gedanken so stark ist, dass Menschen anderen nicht nur bewusst Böses wünschen können, sondern manchmal auch unbewusst, etwa wenn jemand sehr eifersüchtig ist – vielleicht weil sie sich gerade verlobt haben, befördert oder von Ihrem Chef gelobt wurden?

Es gibt zwei Arten von Maßnahmen gegen den bösen Blick: vorbeugende und entgegenwirkende.

KENANAH HORA

ES MÖGE KEIN BÖSER BLICK SEIN

Oben: *Der Buchstabe Lamed wird mit Gerechtigkeit assoziiert.*

Unten: *Das Chai-Amulett.*

Vorbeugende Maßnahmen gegen den bösen Blick

Von früher Kindheit an lernte ich aus den eher mystischen Aspekten der Kabbala, dass es mehrere praktische Wege gibt, sich vor dem bösen Blick zu schützen:

Prahlen Sie nie mit irgendetwas. Das beschwört Schwierigkeiten herauf, denn es zieht eifersüchtige Gedanken auf Sie. Rühmen Sie sich nie irgendeines Erfolgs, der mit Ihnen oder Ihrer Familie zu tun hat, sonst setzen Sie sich und Ihre Liebsten bösen Schwingungen aus.

Babys sind besonders gefährdet durch den bösen Blick, rühmen Sie daher nie ein mit Ihnen verwandtes Neugeborenes vor anderen. Sprechen Sie nicht vor kinderlosen Frauen über Ihre Kinder. Stecken Sie Ihren Kindern zum Schutz ein Stück Passahmatzen in die Tasche.

Das Zerbrechen von Glas auf einer Hochzeit hilft, den bösen Blick vom Glück des Brautpaars abzulenken. Vermeiden Sie eine Doppelhochzeit in einem Haushalt. In der Türkei war es Brauch, eine blaue Perle in das Brautkleid zu nähen oder zu heften, um sie vor dem bösen Blick zu schützen.

Wenn jemand Sie oder Ihre Familie lobt, sprechen Sie den Satz kaynayenahora (Es möge kein böser Blick sein), und sagen Sie auch per, per, per (so, als ob Sie spucken wollten), damit eine eventuell eifersüchtige Intention Sie und Ihre Familie nicht betreffen kann.

Schutzamulette

Ein Amulett ist ein Zauber, der oft mit einem Symbol oder einem Spruch versehen ist und den Träger gegen das Böse schützt und Glück bringt. Amulette werden in der Kabbala seit dem Mittelalter verwendet. Traditionellerweise wurden sie auf Auftrag gemacht und enthielten den Namen der Person, die sie schützen sollten – wenn auf Pergament geschrieben wurde, war es wichtig, dass es sich um unbenutztes Material handelte.

Oben und unten:
Inschriften und Motive wie der Stern Davids bilden die Basis vieler Schutzamulette.

Amulette haben ein breites Verwendungsspektrum als Schutz gegen den bösen Blick, bei der Geburt, als Schutz gegen Lilith und gegen Skorpione, gegen Krankheit und Pest. Auf diesen Seiten finden Sie Beispiele von Amuletten, die noch immer häufig verwendet werden; die meisten davon kann man in jedem Einkaufszentrum erwerben.

Das **Chai** repräsentiert den Segen *le chai'im* – »für das Leben«. Dieses Amulett besteht aus den Buchstaben Chet und Yod, die zusammen den numerischen Wert 18 ergeben, eine Zahl, der immer schon magische Eigenschaften zugeschrieben wurden.

Das **Hamsa** (arabisch für »fünf«) hat die Form einer Hand. Die jüdische Tradition dieses Amuletts ist mindestens tausend Jahre älter als der Gebrauch des Hamsa (genannt die Hand Fatimas, der Tochter Mohammeds) bei den Moslems. Auf hebräisch heißt dieses Amulett *hamash*, vom hebräischen Wort für »fünf«. Es symbolisiert die schützende Hand des Schöpfers und wird oft mit einem Auge geschmückt (das wachsame Auge des Schöpfers), oft ist das Auge blau, um böse Geister abzuschrecken.

Der **Stern Davids** wird auch als Siegel Salomons bezeichnet. Dieser sechzackige Stern wurde hauptsächlich in der nichtjüdischen, europäischen Magie zur Abwehr des Bösen und zur Beherrschung der Geister verwendet. Erst um das 12. Jahrhundert taucht er in kabbalistischen Amuletten auf, er wird als Glücksbringer, als Schutz gegen von Dämonen verursachtes Unheil, böse Geister und den bösen Blick eingesetzt. Ich trage ihn meist beim Heilen als zusätzlichen Schutz. Man findet ihn oft außen an der Mezuzah.

Die **Mezuzah** ist ein kleiner Zylinder, der am Eingang jüdischer Häuser aufgestellt ist, oft auch am Eingang zu jedem Raum außer dem Badezimmer. Er erinnert die Bewohner des Hauses an Gott und schützt alle Eintretenden.

Im Inneren befinden sich zwei, nach strengen Regeln handgeschriebene Bibelpassagen:

- **Sie müssen perfekt und fehlerfrei sein.**
- **Sie müssen von einem voll ausgebildeten Schreiber handgeschrieben sein.**
- **Sie müssen die folgenden Texte enthalten: das Shema (Deuteronomium 6, 4–9) und das Vehaya (Deuteronomium 11, 13–21). Beide Texte enthalten den Befehl »Und du sollst sie auf die Türpfosten deines Hauses und über deine Tore schreiben.«**

Wenn die Mezuzah angebracht wird, sollte das folgende Gebet aus dem Siddur, dem täglichen Gebetsbuch, gesprochen werden:

Wir erbitten Seinen Segen auf dieses Haus und auf alle, die in ihm leben. Die Tore seien allen Bedürftigen offen und die Räume voll Freundlichkeit. Liebe möge in seinen Mauern sein und Freude aus seinen Fenstern scheinen. Sein Friede beschütze es und Er bleibe immer darin.

DANN WIRD MEIST DAS Shema aufgesagt – der vollständige Text steht auf Seite 107.

Wenn Menschen in einem von der Mezuzah geschützten Haus schlechte Zeiten durchmachen, senden die Kabbalisten jemanden, der die Mezuzah kontrolliert, um sicher zu gehen, dass sie noch koscher ist, das heißt in perfektem Zustand, oder ob sie ersetzt werden muss.

FISCHAMULETTE kommen aus kabbalistischer und christlicher Tradition, wo der Fisch Symbol für Fruchtbarkeit und Wohlstand ist; Fischsymbole dominieren auf kabbalistischen Manuskripten und Amuletten. Fische sind

Oben: *Der Buchstabe Tet (rechts) bedeutet göttliche Güte. Yod (Mitte) symbolisiert Veränderung, Kaph (links) stellt Willensstärke und Bewusstsein dar.*

als Amulette beliebt, weil sie so reichlich im Meer vorkommen und Einfluss auf Fruchtbarkeit und Wohlstand haben sollen.

In vielen Hochzeitstexten (*ketubbot*) findet man Illustrationen mit Fischen, es gibt auch viele Fischamulette für unfruchtbare Frauen: In sephardischen Zauberbüchern gibt es viele Heilmittel, Zauber und Bräuche, nach denen Frauen, die keine Kinder bekommen, Fisch essen sollten. Fisch ist auch ein Symbol für die Förderung der männlichen Fruchtbarkeit. Da Fische unter Wasser leben, gelten sie auch als immun gegen den bösen Blick.

Das **MAGISCHE DREIECK** – Durch das Schreiben eines magischen Worts und das Reduzieren der Buchstaben des Wortes wird die Macht eines bösen Geists oder Dämons deutlich verringert. Das magische Wort »Abrakadabra«, das aus dem Aramäischen stammt, ist wahrscheinlich der berühmteste Zauberspruch der Welt. Heute wird es noch oft verwendet, im Mittelalter aber trugen viele zur Abwehr von Krankheiten die folgendermaßen geschriebene Formel bei sich:

ABRAKADABRA
ABRAKADABR
ABRAKADAB
ABRAKADA
ABRAKAD
ABRAKA
ABRAK
ABRA
ABR
AB
A

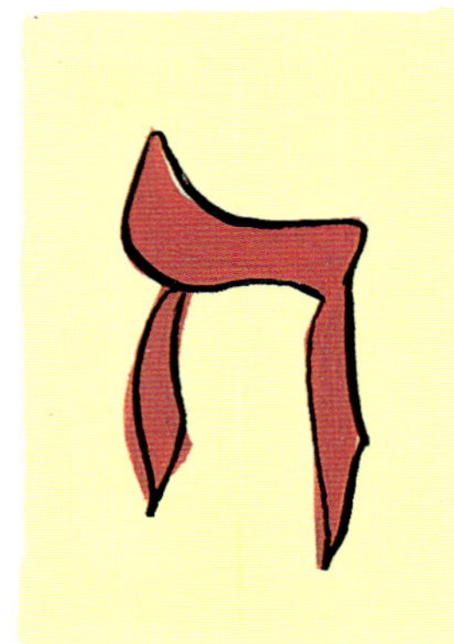

Quadrate und Rechtecke – Stücke ungebrauchten Pergaments wurden in Kästchen eingeteilt und mit hebräischen Lettern beschrieben. Sie wurden zusammengefaltet und heimlich in ein Amulett gesteckt. Die Macht des Amuletts steckte in den von den Lettern gebildeten Wörtern oder in ihrem numerischen Wert (siehe Seite 150).

Magische Quadrate oder Kameen sind ein wichtiges Element der Talisman-Magie. Die Kabbala lehrt, dass es möglich ist, jeden Namen auf diesen Quadraten darzustellen, indem man seinen – der Gemetrie (siehe Seite 148) entsprechenden – Zahlenwert berechnet, und diese Zahlen einer Kamee mit einer Linie verbindet. Diese Verbindungslinie heißt sigil (das ist ein magisches Diagramm, bestehend aus der Essenz des Namens eines Geistes oder einer Person). Wenn man das sigil eines Namens herausgefunden hat, kann man es allein oder auf den Quadraten bei einer Vielzahl magischer Anwendungen einsetzen. Kabbalistische magische Quadrate können zwischen neun und einhundert Kästchen beinhalten, jedes mit einem bedeutsamen Zeichen.

Vor kurzem musste ich feststellen, dass meine Mutter alle Amulette wie Chai oder den Davidstern als Kameen bezeichnete, ohne die Bedeutung des Worts zu kennen, und sie erzählte mir, sie habe das immer schon getan.

Oben rechts: *Der Buchstabe Chet.*
Unten: *Das Zayin.*

Babylonische Dämonenschüsseln sind einzigartig in ihrer umfassenden Schutzmagie. Sie stammen aus der Zeit zwischen dem 3. vorchristlichen Jahrhundert und dem 6. Jahrhundert unserer Zeitrechnung und wurden nur bei wenigen Ausgrabungen im Iran und Irak gefunden. Sie sind meist in einem der drei aramäischen Dialekte beschriftet: Jüdisch-Aramäisch, Syrisch oder Mandäisch, einige wenige auch in Persisch (Pehlevi).

Sie bestehen üblicherweise aus einer mit magischen Texten und Zaubersprüchen beschrifteten Terrakottaschüssel und dienten zur Abwehr des bösen Blicks. Sie wurden verkehrt unter den vier Ecken der Fundamente eines Hauses vergraben. Die Magie der Schüsseln sollte vor allem zwei Zwecken dienen: Zunächst als Schutz gegen eine Reihe von Übeln wie Krankheiten, Verwünschungen, Dämonen und dem bösen Blick. Andere

wurden offenbar als Dämonenfallen ausgelegt, wie man aus den darin eingravierten Darstellungen gefesselter Dämonen und den daneben gefundenen menschlichen Schädelfragmenten und beschrifteten Eierschalen schließen kann. Sie sollten die Dämonen anlocken, fangen und unschädlich machen und sie daran hindern, Menschen und Gebäuden zu schaden.

Auf einigen Schüsseln fanden sich Beschriftungen, die vermuten lassen, dass sie dazu dienten, jemandes Feind Dämonen zu schicken, um ihm Böses anzutun. Diese Schüsseln wurden in Friedhöfen vergraben, wo Dämonen und Geister ihr Unwesen trieben; andere, die wahrscheinlich noch effizienter wirkten, wurden nahe des Hauses des Opfers vergraben.

Salz wird vom Alters her wegen seiner schützenden Eigenschaften verwendet. Gemäß den Kabbalisten muss Salz vor Beginn einer Mahlzeit auf den Tisch gestellt werden, denn es »schützt vor Satans Anschuldigungen«. Die Kabbala steht stark unter dem Einfluss der Zahlenlehre, also lehrt sie, dass wir wegen des Zusammenhangs zwischen dem dreifachen Zahlenwert des Namens Gottes – YHVH – und dem des Wortes »Salz«, unser Brot dreimal ins Salz tauchen sollen, wenn wir ein Tischgebet sprechen.

Es ist auch gut, nach dem Mahl Salz zu essen, das schützt vor Schaden. Brot und Salz bei der ersten Mahlzeit in einem neuen Heim zu essen, schützt das Haus vor bösen Geistern und drückt die Hoffnung aus, dass die Lebensmittel in diesem Haus nie ausgehen werden. Salz in der Hosentasche schützt ebenfalls vor bösen Geistern.

Oben: *Brot und Salz bei der ersten Mahlzeit in einem neuen Heim zu essen, schützt gegen böse Geister und stellt Reichtum in Aussicht.*

Unten: *Der Buchstabe Tzaddi steht für Großmut.*

Oben: *Das Tragen eines roten Bands soll das Leben schützen, denn Rot symbolisiert das Blut, die Lebenskraft.*

Im Volksaberglauben wurden oft Salz und Brot als Schutz gegen Hexen, Geister und Zauberer empfohlen. Wenn man von einer Hexe angegriffen wurde, man sie aber zwingen konnte, einem Brot und Salz zu geben, dann musste sie sterben, hieß es. Aber auch Mörder und Diebe sollen früher sofort nach einem Verbrechen Brot und Salz gegessen haben, um sich vor dem Geist ihres Opfers zu schützen.

Salz gilt auch heute noch als besonders wichtig im Kampf gegen das Böse. Ein Säckchen Salz bei sich zu tragen, schützt vor Angriffen von Dämonen und vor dem bösen Blick.

Um Ihr Heim oder Ihren Arbeitsplatz spirituell zu reinigen, sollten Sie Salzwasser in die Ecken sprühen. Zum Schutz vor schlechten Einflüssen am Arbeitsplatz empfehle ich immer, Salz über den Zugang zum eigenen Bereich zu verstreuen. Waschen Sie frisch gekaufte Kristalle oder Gemmen gleich in Meersalz, um sie von schlechter Ausstrahlung und Erinnerungen zu befreien, die sie auf dem Weg zu Ihnen aufgenommen haben könnten.

Tragen eines roten Bands oder roter Wolle ist wohl die älteste und bekannteste Tradition der Kabbala. Rot ist die Farbe des Bluts, der Lebenskraft, die in uns fließt. Die Farbe rot schützt uns von allem Bösen in Gedanken und Taten.

Babys gelten als besonders empfindlich für dem bösen Blick, daher sollte man immer ein rotes Band an die Jacke eines Babys heften. Meine Mutter wurde wütend, wenn sie eines meiner Kinder ohne dieses Band antraf. Sie wurde im ersten Viertel des 20. Jahrhunderts geboren, und viele ihrer Generation tragen immer noch ein an der Unterwäsche befestigtes rotes Band.

Heute lehre ich die, die mich um Rat fragen, dass sie ein rotes Band an ihrer Unterwäsche befestigen oder rote Wolle um ihr Handgelenk binden sollen – es muss reine Wolle sein, keine Mischung mit synthetischen Fasern. Eine ganze Industrie entsteht rund um diesen Glauben, und Leute verdienen viel Geld mit dem Verkauf dieser mit einem Gebet zusammengepackten Artikel, die an den Gräbern der Patriarchen oder an der Klagemauer gesegnet worden sein sollen. Das ist ja ganz nett, aber es spielt eigentlich keine Rolle, woher Sie die Wolle oder das Band haben, Hauptsache sie sind rot. Natürlich können Sie jemandem das Band oder die Wolle mit Liebe zum Geschenk machen, dadurch wird Ihre heilende Energie an den Empfänger weitergegeben.

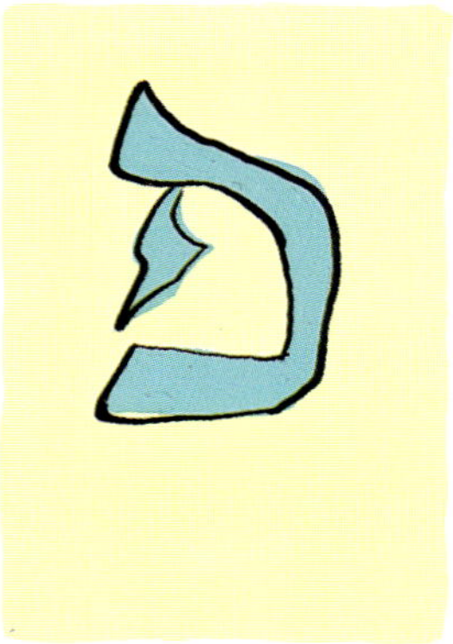

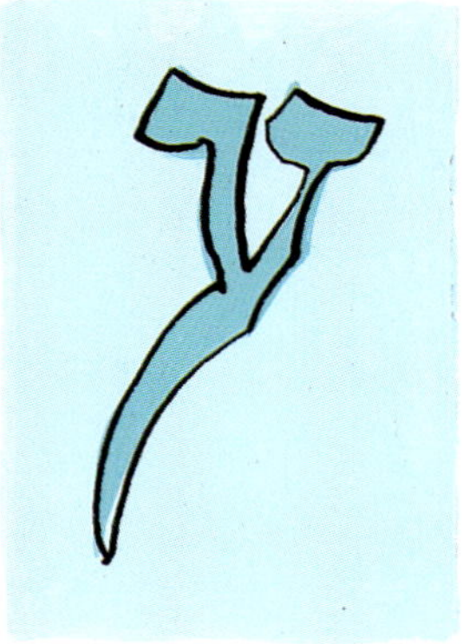

Es ist faszinierend zu sehen, wie auch viele Medienpersönlichkeiten stolz ihre roten Wollbänder in der Öffentlichkeit präsentieren. Wichtig ist, dass es egal ist, wo Sie Ihr rotes Amulett tragen. Meine Mutter und frühere Generationen trugen es immer versteckt, sodass andere nichts davon bemerkten. Auch meine Generation versteckt es lieber, viele lachen über die »alte Art« und ignorieren die Ratschläge ihrer Mütter und Bubbas (Großmütter). Derzeit ist es aber »in«, sich mit diesen alten Schutzamulette zu zeigen.

Die Tradition besagt, dass frischgebackene Mütter Lobpreisungen über ihre Kinder nicht zulassen sollten, denn sie könnten aus einer versteckten eifersüchtigen Absicht kommen. Sie schützen ihre Kinder mit roten Bändern und spucken dreimal über den Kopf ihrer Babys, um böse Absichten abzuwehren. Das kommt von einem sehr alten, mündlich überlieferten und fast schon vergessenen Ritual, das ich erstmals auf Seite 69 erkläre.

Oben: *Die Buchstaben Pei (oben) und Ayin (darunter).*
Unten: *Metall schützt vor bösen Geistern.*

Sonstiger Aberglaube

Ein auch heute noch populärer Aberglaube sagt, dass man nie etwas auf ein Kleidungsstück, das man gerade trägt, nähen oder nähen lassen soll. Das beruht auf der alten Tradition, dass Tote in ihr Leichentuch eingenäht werden, und dass man nicht will, dass einen Dämonen irrtümlich für tot halten. Der einzige Ausweg besteht darin, dabei an einem Stück Faden zu kauen, um zu zeigen, dass man am Leben ist.

Bücher sollte man nie offen lassen, wenn man sie ausgelesen hat, denn ein böser Geist kann leicht in die geschriebenen Worte eindringen und ihre Bedeutung verdrehen.

Metall hat schützende Kräfte. Auch heute noch tragen Leute Sicherheitsnadeln als Schutz.

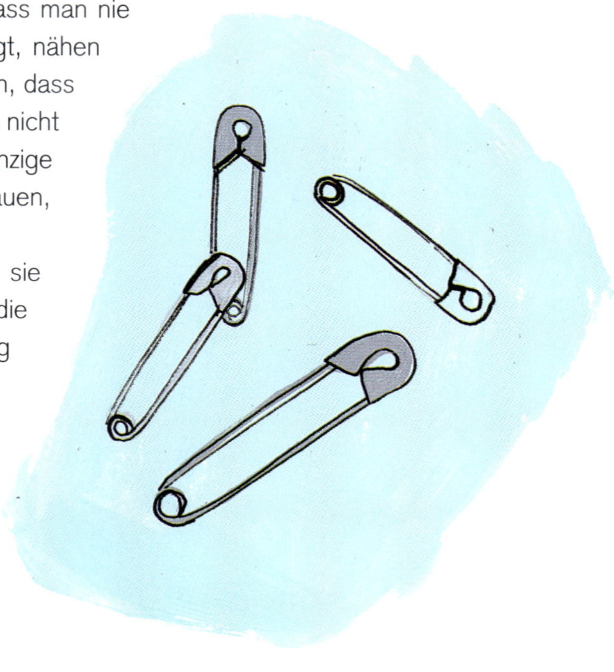

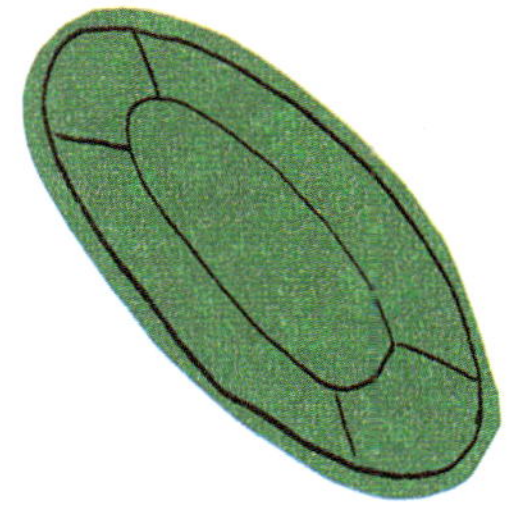

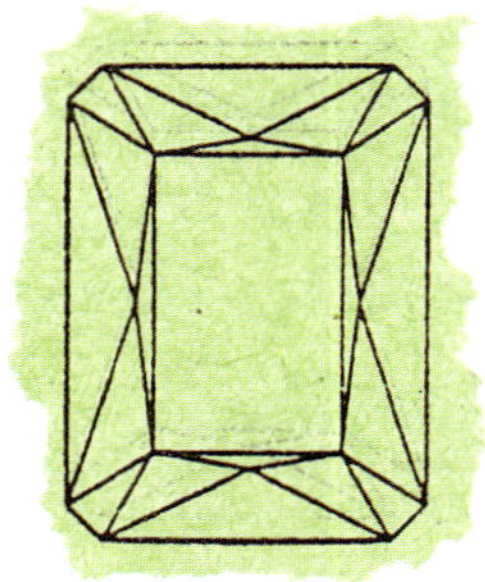

KRISTALLE UND GEMMEN

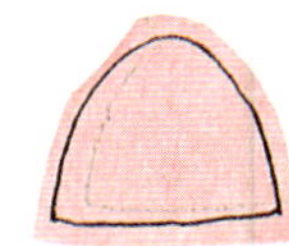

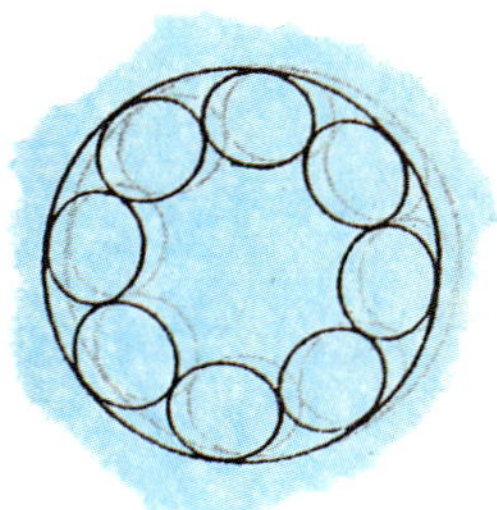

KRISTALLE UND GEMMEN wurden in beinahe jeder bekannten Zivilisation vom Beginn der Menschheit an als Schutz vor Dämonen, bösen Geistern und dem bösen Blick sowie zum Heilen verwendet. Auch die Kabbala empfiehlt ihre Verwendung, und die Bibel spricht oft davon.

In Exodus 28, 17–20 lesen wir von den direkt von Gott kommenden Anweisungen für die Anordnung der zwölf Gemmen, die Teil des Gewands des Hohen Priesters Aaron sein sollten. Sie stellten die zwölf Stämme Israels dar und sollten mit ihren Namen versehen werden. Sie sind als *Urim* und *Thummim* bekannt. Diese Kristalle wurden für psychischen Schutz verwendet und verstärkten die heilenden Kräfte des Hohen Priesters und waren angeblich auch ein heiliges Mittel der Weissagung.

Derzeit erlebt das Wissen über die Kraft der Kristalle eine Renaissance, und von dem, was wir heute wissen, muss der Brustschmuck Aarons durch die Kombination der Energien der verschiedenen Kristalle sehr mächtig gewesen sein.

Die folgende Beschreibung der Gemmen in der Reihenfolge, wie sie angeordnet waren, enthält zum besseren Verständnis der Macht dieses Kleidungsstücks, eine kurze Erklärung der Heilkräfte jedes der Kristalle.

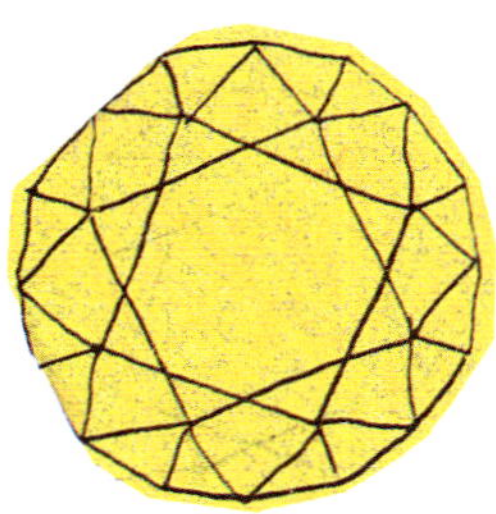

Unten: *Der Buchstabe Samekh.*

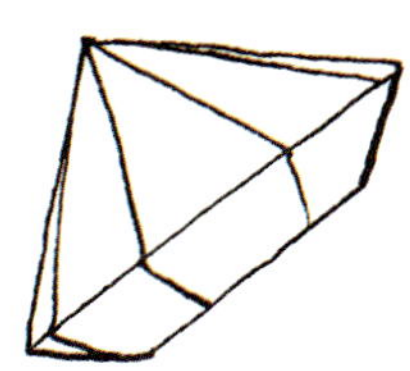

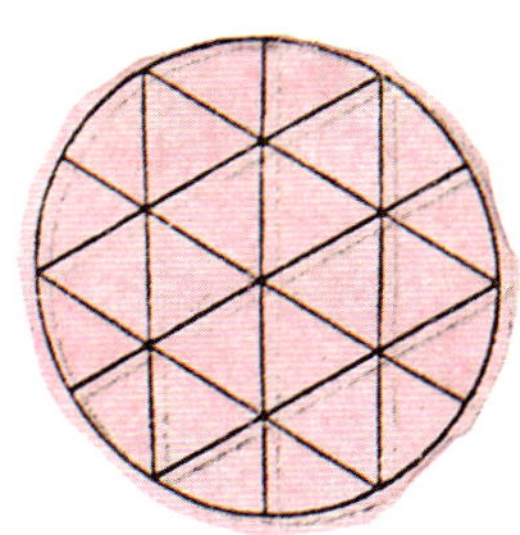

ERSTE REIHE

SARDIN – Viele nehmen an, dass das eigentlich *Karneol* ist. Hebt das Selbstwertgefühl und bewahrt vor selbstzerstörerischen Tendenzen. Hilft bei Entscheidungen. Heilt Eifersucht und Neid, ob aus der Person selbst oder von außen kommend. Bringt Freude und gibt uns die Energie, Mut, Selbstvertrauen, Ehrgeiz und Durchsetzungsvermögen aufzubringen und Ideen zur Vollendung zu bringen.

CHRYSOLITH – Der heute bekannte Chrysolith ist ein olivgrünes Silikat, *Peridot* genannt. Dieser Kristall stimuliert den Geist, reduziert Stress und beschleunigt das Wachstum der Persönlichkeit.

GRÜNER FELDSPAT – Wahrscheinlich *Amazonith*. Stärkt die Aura und den geistigen Körper und hält sie im Gleichgewicht. Richtet auf, verhilft zu Selbstwertgefühl und vertreibt Schuldgefühle und Furcht.

ZWEITE REIHE

GRANAT – Verhilft zu Klarheit und Frieden im Geist. Führt und zentriert. Bringt Ziele und Ordnung, löst Verwirrung.

LAPIS LAZULI – Spendet Energie und fördert psychische Fähigkeiten und die Kommunikation mit dem höheren Selbst. Verhilft zu Klarheit, Kreativität und Konzentration.

JADE – Beruhigt, heilt und gleicht aus. Soll zu einem langen erfolgreichen Leben beitragen. Fördert Weisheit, Klarheit und Mut, gleicht Emotionen aus.

DRITTE REIHE

TÜRKIS – Verbindet und belebt. Verstärkt Liebe, Kommunikation, Loyalität und Freundschaft. Fördert Erfolg und Stärke.

ACHAT – Gleicht aus, stabilisiert und schützt. Bringt Sinn für Mut und Tapferkeit. Stärkt Körper und Geist. Soll auch magische Kräfte besitzen.

JASPIS – Ein mächtiger Allroundheiler. Festigt physisch und emotional. Hilft und schützt in gefährlichen Situationen. Hilft, sich an Träume zu erinnern und sie zu deuten. Wurde auch von den Schamanen der amerikanischen Ureinwohner wegen seiner schützenden und magischen Kräfte verwendet.

VIERTE REIHE

TOPAS – Der Stein der »wahren Liebe und des Erfolgs in allem Streben«. Fördert das Vertrauen in die eigenen Fähigkeiten, Kreativität und Individualität. Ersetzt negative Energie durch Liebe und Freude.

KARNEOL – Wird als *Onyx* übersetzt, ein mächtiger Beschützer vor negativen Energien wie dem bösen Blick. Vertreibt Kummer, verstärkt die Selbstkontrolle, führt zu weisen Entscheidungen und verhilft zu Glück und Wohlstand.

GRÜNER JASPIS – Ein sehr mächtiger Allround-hei-ler. Förderlich für spirituelles Bewusstsein und Einsicht. Auch ein starker Beschützer gegen negative Einflüsse.

Andere von den Kabbalisten wegen ihrer mächtigen Heilkräfte verwendete Kristalle sind:

AMETHYST – Stimuliert Intuition und psychische Entwicklung durch die Verstärkung unserer Wahrnehmung des sechsten Sinns, öffnet uns für Gottes Energien. Entspannend, fördert die Ruhe, löst Angst, hilft gegen Schlaflosigkeit, schützt, reinigt und baut auf.

BERYLL – Öffnet uns für die göttliche Führung zu Taten der Reinheit und Liebe.

KORALLE – Bringt spirituelles Bewusstsein durch Stärkung von Intuition, Vorstellungsvermögen und Fantasie.

SMARAGD – Bringt Harmonie und Frieden ins Leben. Regt Gedächtnis und Intelligenz an. Öffnet für das Verständnis der Gesetze der Schöpfung und des Kosmos.

QUARZ – Der »singende und tanzende« Kristall. Verstärkt, kräftigt, aktiviert und überträgt Energie. Fördert Meditation und spirituelle Entwicklung. Zerstreut auf uns gerichtete negative Energie. Ein mächtiger Allroundheiler.

RUBIN – Bringt spirituelle Weisheit, hilft bei friedlicher Konfliktlösung. Schützt gegen Unzufriedenheit, böse Träume und Blitze. Schützt vor psychischen Erkrankungen.

SAPHIR – Öffnet den Geist für Spiritualität, Intuition und die Schönheit und Wunder des Universums. Bringt unsere unbewussten Gedanken strahlende Energie. Ermutigt uns zum Gespräch mit Gott.

DAS KENANAH HORA

Unten: *Meditieren über den Buchstaben Nun stärkt den Glauben.*

DAS IST DIE MÄCHTIGSTE Gegenmaßnahme gegen den bösen Blick. Obwohl *kenanah hora* auf Jiddisch »böser Blick« bedeutet, ist dies ein mächtiges Ritual zur Heilung unserer Aura und des Körpers. Die Praxis wurde in der Familie meines Vaters weitergegeben, wobei in jeder Generation nur eine Person eingeweiht war und es durchführen konnte.

Wie alle anderen kabbalistischen Praktiken sollte es nie außerhalb der Familie besprochen werden. Als praktizierende Heilerin lehrte ich einigen Auserwählten die Methode. Durch die Zusammenarbeit mit Hellsehern und Heilern erfuhr ich, dass dieses Ritual schon sehr sehr alt ist, wahrscheinlich vorägyptischen Ursprungs. Obwohl es sehr schnell geht, ist es auch sehr

mächtig, und ich warne die Empfänger immer, dass es vierundzwanzig Stunden Arbeit bedeuten kann, und dass sie nach Hause gehen und sich ausruhen sollten. Die Heilung braucht Zeit, um langsam durch den Körper zu dringen. Das Ritual reinigt auch die Aura und sendet jede böse Absicht dorthin zurück, woher sie kam.

Obwohl ich die Wörter »lecken« und »spucken» verwende, ist das Lecken eigentlich nur ein leichtes Berühren mit der Zunge (um schlechte Ausstrahlung abzuziehen), das Spucken ist nur das Geräusch (um die Ausstrahlung in die Atmosphäre zurückzuwerfen).

Oben: *Die hebräischen Buchstaben Tav (rechts) und Mem (links).*

- **Ziehen Sie die Schuhe aus und spüren Sie die Energie durch die Erde aufsteigen.**
- **Stehen Sie dem Empfänger gegenüber.**
- **Legen Sie die Hände sanft auf seine Schultern, damit Sie Kontakt haben.**
- **Der Empfänger schließt die Augen.**
- **Lecken Sie sein linkes Auge dreimal und spucken Sie dreimal hintereinander links gegen den Kopf, zielen Sie am Ohr vorbei.**
- **Wiederholen Sie das mit dem rechten Auge und der rechten Seite des Kopfs.**
- **Lecken Sie dreimal die Mitte der Stirn, den Bereich des dritten Auges, spucken Sie dreimal über den Kopf.**
- **Nehmen Sie Ihre Hände von den Schultern des Empfängers weg. Gehen Sie einen Schritt zurück.**
- **Ohne den Empfänger zu berühren, schieben Sie physisch die schlechte Ausstrahlung aus dem Bereich neben dem Kopf des Empfängers dreimal weg. Seien Sie vorsichtig, ich musste oft erleben, dass Leute, die sehr empfänglich für die Heilung sind dabei beinahe umkippen, obwohl Sie sie körperlich nicht berühren.**
- **Legen Sie Ihre linke Hand auf die linke Schulter und die rechte Hand auf die rechte Schulter, lassen Sie sie schnell bis zu den Fingern des Empfängers gleiten, und schieben Sie dabei allen psychischen Schutt weg. Wiederholen Sie das dreimal.**
- **Das Ritual ist nun zu Ende. Der Empfänger sollte aufgefordert werden, sich kurz zu setzen, dann nach Hause zu gehen und sich auszuruhen. Das unmittelbare Ergebnis dieser Technik kann ein schneller Energieschock des Systems sein, oder auch nur ein leichtes Entspannungsgefühl. Fast immer ermüdet der Empfänger bereits nach kurzer Zeit.**

Oben: *(Von links nach rechts) Die hebräischen Buchstaben Kuf, Shin und Resh.*

EINE KURZE GESCHICHTE SOLL die Macht dieses Rituals veranschaulichen: Einige Jahre nach meiner Hochzeit bat ich meinen Vater, dieses Ritual an meinem Ehemann, Jeffrey, auszuführen, ich verspürte nämlich viel schlechte Ausstrahlung um ihn herum, zu vieles lief schief. Mein Ehemann hatte immer über diese »verrückten« Ideen gelacht.

Nachdem mein Vater das Ritual durchgeführt hatte, fuhren wir nach Hause, Jeffrey wurde müde und legte sich ins Bett. Nach ein paar Stunden rief mein Vater an, er machte sich Sorgen und warnte mich, dass Jeffrey sich ziemlich krank fühlen würde, da er eine Menge negativer Energien weggeschoben hatte. Ich sollte mir aber keine Sorgen machen, am nächsten Morgen würde es ihm wieder gut gehen.

Tatsächlich hatte Jeffrey hohes Fieber. Später gestand er mir, dass er sich trotz seiner Skepsis fragte, was mein Vater wohl mit ihm getan habe. Überflüssig zu sagen, dass diese Erfahrung seine Haltung völlig veränderte.

DAS SHEMA

HÖRE ISRAEL, DER HERR UNSER GOTT, DER HERR IST EINER

SHEMA YISRAEL, ADONAI ELOHEINU, ADONAI ECHAD

MIR WAR DIE MACHT des Gebets des Shema immer bewusst, sogar als Kind. Dieses Gebet ist die fundamentale Lehre von Judentum und Kabbala.

Im *Talmud* heißt es, dass das Shema die einzigartige Macht hat, gegen die Kräfte des Bösen zu schützen, und instinktiv wusste ich immer, dass die erste Zeile mich beschützen und näher zu Gott bringen würde. Der vollständige Text steht auf Seite 107, versuchen Sie aber, die erste Zeile auswendig zu lernen, und wiederholen Sie sie, so oft Ihnen danach ist, besonders wenn Sie vermehrten Schutz brauchen.

KABBALA FÜR DIE HEILUNG

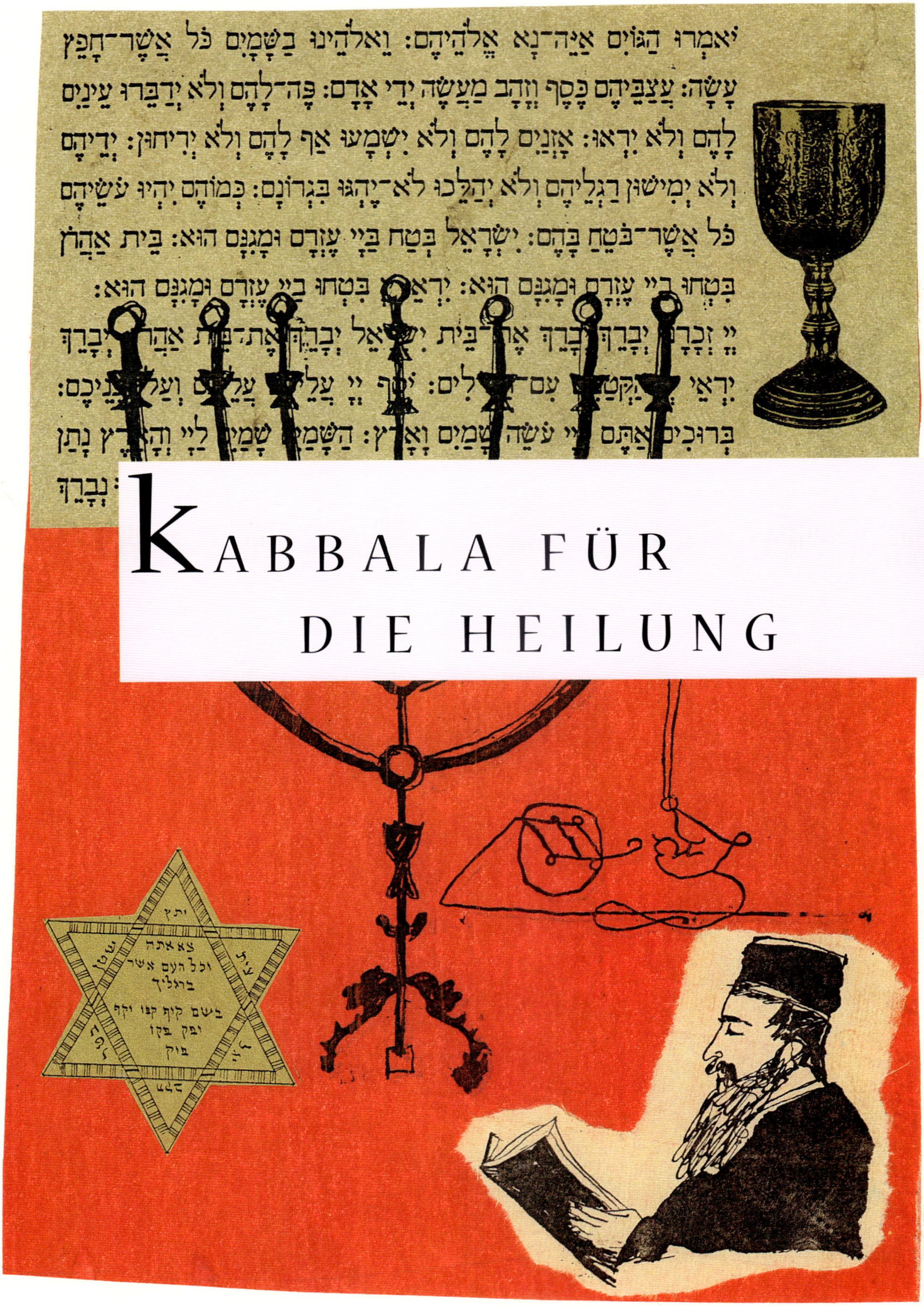

KABBALA FÜR DIE HEILUNG

HEILUNG UND LEBENSBAUM

HEILUNG IST EIN WORT, das viele verschiedene Aspekte unseres Lebens und unserer Welt abdeckt. Die Kabbala lehrt uns, wie wir unseren physischen Körper, aber auch unsere mentalen, emotionalen und spirituellen Gestalten heilen können. Wir lernen auch, über uns hinauszublicken und auf einer globalen Ebene zu heilen.

DAS IST WAHRE HEILUNG im Gegensatz zu körperlicher Heilung, die sich auf physische Leiden und Krankheiten richtet. Wenn wir uns auf die inneren spirituellen Ebenen des Heilens konzentrieren, merken wir oft, dass auch unserem physischen Leiden geholfen wird. Auf diese Weise wird nicht das Symptom, sondern die Ursache des Leidens behandelt.

Es gibt viele Wege, Kabbala für die Heilung zu nutzen, und im ersten Teil dieses Kapitels verwenden wir den Lebensbaum, der eine Landkarte unseres Inneren darstellt, mit unseren Gefühlen, unserer Persönlichkeit und Seele, und das Bild, das wir der Außenwelt von uns selbst vermitteln.

Zu diesem Zweck müssen wir zuerst die verschiedenen Energieebenen der einzelnen Sephirot verstehen und begreifen, wie diese Energien für unsere Entwicklung und Heilung nutzbar gemacht werden können. Wir erfahren in diesem Kapitel auch, wie die Energien der Sephirot mithilfe von Farben, Kristallen und dem Namen Gottes verstärkt werden können, um zur persönlichen und globalen Heilung beizutragen.

Die folgende Tabelle zeigt die Beziehungen zwischen den Sephirot und dem Menschen. Dadurch können Sie leichter verstehen, welcher Sephirot bei welchem Problem helfen kann.

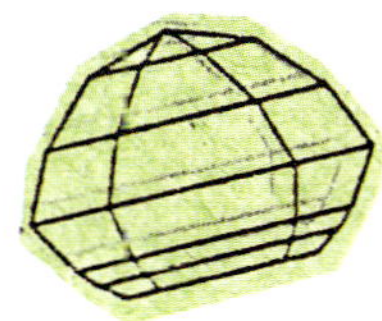

VON KOSMOS UND SEPHIROT ZU GEIST UND KÖRPER

MENSCH	KOSMOS	SEPHIRAH	ASSOZIATION
SEELE	AIN SOF	KETER	SPIRITUALITÄT
UNTERBEWUSSTSEIN	ATZILUT	KETER	SPIRITUALITÄT
BEWUSSTER GEIST	BERIYA	HOKHMAH	ZWECK
		BINAH	BEWUSSTSEIN
		DAAT	WEISHEIT
EMOTIONEN	YETZIRA	HESSED	LIEBE
		GEVURAH	WILLE
		TIFERET	SELBST
		NETZAH	GEFÜHLE
		HOD	GEDANKEN
		YESOD	UNBEWUSSTE EMOTIONEN
KÖRPER	ASSIYA	MALKHUT	KÖRPER UND EMPFINDUNGEN

Keter ist die Verbindung zwischen unserem Unterbewusstsein, unserer Seele und unserer direkten Kommunikation mit der spirituellen Welt. Hauptzweck des Studiums der Kabbala ist unsere Öffnung zu den geistigen Welten und letztlich zu Gott. Durch die Arbeit mit den Meditationen dieses Kapitels wird sich Ihre Einstellung und Ihre Fähigkeit, auf spirituelle Welten einzugehen, ändern, und schließlich werden Sie durch Übung auch mit dem Reich Keter arbeiten können.

Mittels des Sephirah Keter sind spirituelle Heiler in der Lage, die Suchenden auf ihrem Weg zu begleiten.

Unten: *Der hebräische Buchstabe Vav.*

Anders denken und fühlen

Dieser Abschnitt zeigt, wie die Sephirot konkret helfen können, unsere emotionalen und geistigen Zustände zu beschreiben und uns der Probleme in diesen Bereichen bewusst zu werden. Gleichzeitig werden wir auch besser verstehen, wie wir denken und warum gerade so, und wie unser Tun von anderen gesehen wird. Durch Konzentration auf bestimmte Aspekte unserer emotionalen und mentalen Zustände werden wir erkennen, dass sich unsere gesamte Sicht des Lebens ändern kann und dadurch auch wie andere uns wahrnehen. Um unsere Denkweise und unser Fühlen zu

Oben: *(Von rechts nach links) Die Buchstaben Gimel, Daled und Hei, die Ziffern 3, 4 und 5 im hebräischen Alphabet.*

verändern, müssen wir lernen, uns die »Ströme« der Sephirot anzueignen und mit ihnen zu arbeiten, damit wir uns durch sie mit unserem Inneren, unserer Seele und schließlich mit dem Kosmos verbinden.

Unsere Emotionen sind Gedanken, die wir **fühlen**. Sie sind oft schwer in Worte zu fassen und wir neigen dazu, Metaphern zu verwenden, um sie anderen mitzuteilen. Wir tendieren dazu die meisten unserer Gedanken für uns zu behalten. Oft drücken wir sie aber auch aus, um unser Leben zu verstehen und die Realität zu erfahren.

Mentalität ist die Art, wie wir **denken**. Sie ist der Weg, durch den unsere inneren Gefühle und unsere Seele die Denkvorgänge unseres Gehirns artikulieren, um sich dann in Worten und Taten zu verwandeln.

Die Sephirot des Verstandes

DIE FOLGENDEN SEPHIROT, Hokhmah und Binah, drücken unsere Denkvorgänge aus. Zusammen mit Daat sind sie als Seichel bekannt.

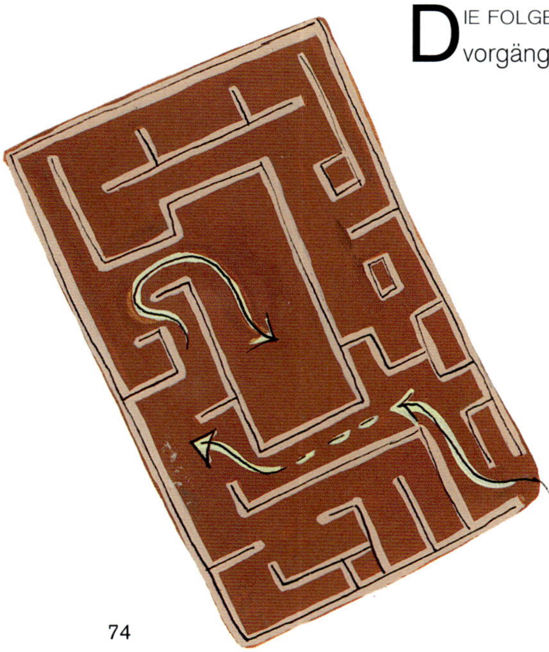

Oben: *Hokhmah hilft uns unsere spirituelle Quelle zu verstehen, und zur Saat unseres Selbst zurückzugehen, um das Bewusstsein zu verändern.*

HOKHMAH – ZWECK

DAS IST DER spirituelle Strom, die Quelle von Kreativität, Weisheit und Inspiration. Durch das Hokhmah transformiert unsere Seele das Unterbewusste ins Bewusste.

Indem wir an unserem Hokhmah-Strom arbeiten, üben wir uns darin, tiefer in unser Unterbewusstsein vorzudringen und dabei kreativer und forschender zu werden und unsere Sicht der Dinge zu ändern. Durch die Arbeit mit dem Hokhmah-Strom können wir auch lernen, unser Leben und alles um uns herum neu zu interpretieren. Wir können an alten Ängsten und Schuldgefühlen arbeiten und zu einem Leben voll Freude, Liebe und Glück gelangen.

EINE HOKHMAH-ÜBUNG

- Nehmen Sie Notizblock und Stift und begeben Sie sich an einen ungestörten Ort.
- Atmen Sie leicht und entspannen Sie sich.
- Denken Sie an das, was Ihnen gerade einfällt – egal was.
- Schreiben Sie diesen Gedanken so einfach wie möglich nieder.
- Denken Sie über den Ursprung dieses Gedankens nach – woher kommt er?
- Denken Sie jetzt über den Inhalt dieses Gedankens nach – war er gut, konstruktiv, finster oder destruktiv?
- Entspannen Sie sich und entscheiden Sie bewusst, diesen Gedanken zu ersetzen. Beobachten Sie, was passiert, wenn Sie seine Konstruktion verändern. Wenn es ein finsterer oder destruktiver Gedanke war, nehmen Sie sich Zeit, bis es Ihnen gelingt, seine negativen Aspekte in positive umzuwandeln.

SIE KÖNNEN DIESE ÜBUNG so oft wiederholen, wie Sie wollen. Sie zeigt Ihnen, wie Sie Ihre Gedanken und Emotionen kontrollieren können, indem Sie erkennen, wie sie formuliert werden. Sie hilft Ihnen auch zu lernen, wie sie ausgeglichener und vernünftiger mit Ihren düstereren Gedanken umgehen können.

Oben: *Die Binah-Energie ist der Prozess des Herausformens der spirituellen Energie Hokhmahs.*

BINAH – BEWUSSTSEIN

DURCH DEN STROM BINAH wird die kreative Energie des Hokhmah zu einem produktiven Gedanken. Binah bringt den Denkprozess dazu, sich zu entfalten, zu analysieren und Gestalt anzunehmen.

Wir begreifen, wie die Energie von Binah genutzt werden kann, wenn wir uns unseren Denkvorgang bewusst machen. Denken Sie einmal darüber nach, wie Sie auf bestimmte Aspekte Ihres Lebens reagieren, die sich immer wiederholen, wie Gespräche mit jemandem, den Sie als mühsam empfinden, oder der Stress angesichts monatlicher Zahlungen. Diese Gedanken, die Ihnen Angst und Sorge bereiten, treten regelmäßig in Beruf und Privatleben auf – habe ich diesen Bericht richtig verfasst, habe ich mein monatliches Soll erfüllt?

Diese Denkweisen sind das Ergebnis von Gewohnheiten, die wir seit unserer Kindheit entwickelten. Damit wir den Binah-Strom richtig nutzen können, müssen wir zuerst diese Denkgewohnheiten erkennen und dann bewusst daran arbeiten, sie zu verändern. Dazu brauchen wir auch den Hokhmah-Strom, der uns lehrt, wie wir unseren Denkprozess ändern und ihn durch den Binah-Strom in eine neue Richtung lenken können, um uns bewusst zu werden, *wie* sich unsere Denkweise ändern wird.

Vergleichen Sie diesen Prozess mit dem Kauf von Kartoffeln. Zuerst verwenden Sie Ihr Hokhmah-Zentrum, um daran zu denken, Kartoffel zu kaufen, aber der Binah-Strom sagt Ihnen, wie Sie sie kochen müssen, um sie genießbar zu machen.

Wenn Sie erkennen, wie der Hokhmah-Denkprozess, angeleitet vom Binah, funktioniert, werden Sie Ihre Wahrnehmung einzelner Menschen und Ereignisse verbessern und schließlich Ihre Denkweise ändern.

EINE BINAH-ÜBUNG

- Setzen Sie sich an einem ruhigen ungestörten Ort bequem hin und entspannen Sie sich.
- Schließen Sie die Augen, konzentrieren Sie sich auf Ihre Atmung, bis Sie ganz entspannt sind.
- Mustern Sie Ihren Körper mit Ihrem geistigen Auge, lassen Sie den Blick langsam von den Füßen bis zum Kopf gleiten.
- Machen Sie sich Ihre einzelnen Sinne bewusst – Tasten, Riechen, Schmecken, Sehen und Hören.
- Fahren Sie mit der Zunge über die Zähne und die Innenseite des Munds. Schmecken Sie das?
- Nehmen Sie die Gerüche um Sie herum auf.
- Berühren Sie mit den Fingerspitzen die Ohren – fühlen Sie die Empfindung?
- Horchen Sie – was hören Sie? Wind, Regen, Bäume rascheln, Verkehrslärm?
- Versuchen Sie mit geschlossenen Augen zu »sehen«.
- Entspannen Sie sich weiter und lassen Sie Ihre Gedanken ungehindert kommen und gehen. Halten Sie an keinem davon fest, sie strömen in Ihr Bewusstsein und fließen wieder ab.
- Wenn Sie bereit sind, lassen Sie in Ihrem Geist das Bild eines Ballons entstehen.
- Geben Sie ihm jetzt die Farbe, die Sie wollen – er ist Ihr Werk.
- Lassen Sie Ihren schwerelosen Ballon durch Zeit und Raum zu einem wunderschönen Ort schweben – das könnte ein schöner blühender Garten mit Wasserfällen sein oder eine Wiese voll saftigem Gras mit Gänseblümchen und großen gelben Butterblumen, die sich sanft im Wind wiegen.
- Sehen Sie, wie Ihr Ballon von einer leichten Brise über die Landschaft getrieben wird. Das ist Ihr Gedanke und Sie können ihn überall hinreisen lassen – Sie kontrollieren ihn.
- Reisen Sie mit diesem Gedankenballon so lange Sie wollen, dann lassen Sie ihn wieder sanft zu Boden kommen.
- Wiederholen Sie diese Übung mit einem anderen Gedankenballon in einer anderen Farbe und steuern Sie ihn wohin Sie wollen, so wie den ersten Ballon.
- Kehren Sie dann wieder zum ersten Gedankenballon zurück, verändern Sie diesmal aber bewusst die Umgebung. Lassen Sie ihn entlang bestimmter Wege reisen. Wenn Sie sich mit manchen Aspekten der Umgebung nicht wohlfühlen, so tauschen Sie sie gegen angenehmere. Diesmal kontrollieren Sie Ihre Gedanken noch mehr.
- Wenn Sie diese Übung beenden wollen, gehen Sie die Etappen Ihrer Reise zurück, nehmen Sie vielleicht einen anderen Weg oder eine Abkürzung, bringen Sie Ihren Ballon herunter, nehmen Sie ihm die Farbe und lassen Sie die Luft aus, dann löst er sich in Nichts auf.
- Atmen Sie bewusst, wenn Sie bereit sind, öffnen Sie die Augen.
- Wiederholen Sie diese Übung eine Woche lang täglich, und Sie werden besser erkennen, wie Ihre Gedanken entstehen, und wie sie kontrolliert werden können.

ZIEL DIESER ÜBUNG ist es, Ihnen zu zeigen, wie Sie die Richtung Ihrer Denkmuster ändern können, und wie Sie sie passender und tröstlicher machen können. Wenn Sie zum Beispiel wissen, dass manche Gedanken für Sie unangenehm und beängstigend sind, dann schicken Sie sie auf die Reise und suchen Sie Möglichkeiten, sie zu steuern und in eine andere Richtung zu lenken.

DAAT – WEISHEIT

Oben: *Daat repräsentiert unser inneres Wissen.*

DIE VEREINTEN ENERGIEN von Hokhmah und Binah brauchen den Strom Daat, um die Sequenzen zu entwickeln, die als »Gedanken« in unserem Geist erscheinen. Durch Daat bekommen wir das Gefühl zu »wissen«, viele nennen das Intuition.

Die Energie des Daat entströmt direkt Keter, dem höchsten Sephirah, von dem auch die Energie unserer Seele kommt. Diese höhere Form des Daat wird *Da'at Elyon* genannt, sie erlaubt uns, zu dem zu kommen, was man den sechsten Sinn nennt. Diese Kombination der Energie des höheren Daat mit den Energien von Hokhmah und Binah, lehrt uns größere Einsicht, mehr Kreativität und Verständnis zu haben als jene, die diese Energie verschlossen halten. Erst wenn wir beginnen, diese Gedanken rational zu betrachten oder wenn wir auf andere hören, fangen wir an, sie zu ignorieren.

Durch die niedrigere Form des Daat, des *Da'at Tachton*, verbinden wir das Gefühl, etwas zu wissen mit unserem Verstand und mit dem Gefühl und der Energie unseres Herzens. Die mächtige spirituelle Energie des Daat trägt bedeutend dazu bei, dass wir größeres spirituelles Wissen, Gesundheit und Wohlbefinden erlangen können. Durch diese Energie können wir nicht nur die Chemie unseres eigenen Körpers verändern, sondern auch unsere Wahrnehmung durch andere. Der ganze folgende Abschnitt führt uns zu dieser spirituellen und heilenden Energie des Daat.

EINE DAAT-ÜBUNG

EINER DER DENKPROZESSE, dem wir durch Daat begegnen, ist der des inneren Friedens. Die folgende leichte Übung stimmt Sie auf diesen Zustand ein.

- Setzen Sie sich an einem ruhigen Ort bequem hin, entspannen Sie sich und konzentrieren Sie sich auf Ihre Atmung.
- Fühlen Sie, wenn Sie bereit sind, das strahlend weiße göttliche Licht Keters von oberhalb Ihres Kopfs über Sie herabfließen, und lassen Sie es dann in Ihren Körper hineinströmen.
- Fühlen Sie, wie seine friedliche und zärtliche Strahlung Ihren Körper badet und sanft all Ihren Stress, alle Angst und Müdigkeit auflöst.
- Spüren Sie, wie es Sie ganz tief in Ihrem Inneren mit göttlichem Frieden erfüllt.
- Bitten Sie, wenn Sie bereit sind, um jede Führung oder Hilfe, die Sie brauchen. Bitten Sie um Einsicht für die richtige Entscheidung, um Weisheit und Spiritualität zu erlangen.
- Lassen Sie dann bewusst die göttliche Energie von Ihrem Körper und Ihrer Umgebung abfließen. Bleiben Sie eine Weile ruhig sitzen, um diesen Frieden nochmals zu erleben, bevor Sie langsam aufstehen und sich wieder dem Leben zuwenden.

Die Sephirot der Emotion

DURCH DIE FOLGENDEN sieben Sephirot, die Middot, entfalten sich unsere inneren Gefühle, sie werden gesteuert und geleitet.

Oben: *Hessed ist die Energie des Mitgefühls.*

HESSED – BARMHERZIGKEIT

HESSED IST DER STROM, der uns Gefühle und freien Willen erfahren lässt. Wir sollten uns aber immer bewusst sein, dass Gefühle und freier Wille ohne Orientierung uns emotionell erschöpfen können. Deshalb muss Hessed vom Gedankenstrom des Daat geleitet werden.

Durch Hessed erleben wir das Gefühl des Gebens und Teilens. Es hindert uns, selbstsüchtig zu sein, und lehrt uns, an andere zu denken und uns um sie zu kümmern. Es hilft uns auch, mit unseren Mitmenschen zu kommunizieren und zu Freundschaft und persönlicher Erfüllung zu kommen.

EINE HESSED-ÜBUNG

MIT DIESER ÜBUNG KÖNNEN wir unseren Mitmenschen ein bisschen Liebe und Mitgefühl geben.

- Setzen Sie sich in einen bequemen Stuhl, ziehen Sie die Schuhe aus, schließen Sie die Augen und entspannen Sie sich.
- Fühlen Sie den Kontakt Ihrer Sohlen mit dem Boden.
- Konzentrieren Sie sich auf Ihre Atmung, bis Sie ganz entspannt sind.
- Fühlen Sie, wie Sie sich für die Liebe und die heilenden Kräfte des Universums öffnen, und spüren Sie, wie die Energie von den Füßen aufwärts in Ihren Körper strömt und Sie schließlich ganz erfüllt.
- Denken Sie dann an alle Ihre Lieben, Ihre Freunde und Bekannten. Senden Sie ihnen Ihre Liebe und Ihre heilende Kraft.
- Spüren Sie, wie sie Ihre Energie empfangen.
- Fühlen Sie, wie sie in dieser heilenden Energie baden, die von Ihrer Liebe erfüllt ist.
- Nun kommt der schwerste Teil: Wenn es jemanden gibt, den Sie nicht mögen, oder mit dem Sie gestritten haben, dann senden Sie auch ihm heilende und liebevolle Gedanken.
- Senden Sie nun Ihre Liebe an die ganze Erde und stellen Sie sich vor, wie all ihre Wunden geheilt werden.
- Dann konzentrieren Sie sich wieder auf Ihre Atmung und machen weiter.

GEVURAH – URTEILSKRAFT

Oben: *Gevurah konzentriert unseren Geist, damit wir Ziele erreichen und Entscheidungen kommunizieren.*

Der Hessed-Strom unserer Gefühle wird durch seinen Gegenspieler Gevurah ausgeglichen und gelenkt. Dieses Gefühl hilft uns, unsere Entscheidungen zu kontrollieren und einzuschränken, in dem es uns sagt, was das Beste für uns ist.

Die Energie des Sephirah Gevurah ist der Strom, der unsere innere und oft auch äußere Stärke kontrolliert. Über Gevurah sollten wir meditieren, wenn wir den Gebrauch unserer Willenskraft und Überzeugung verbessern wollen. Gevurah bringt unsere geistigen Energien dazu, sich auf Probleme und Ziele zu konzentrieren und verleiht unseren spirituellen Energien Gestalt. Wenn Sie zum Beispiel Ihre Einkäufe aus dem Auto heben und merken, wie Sie dabei ihre Muskeln anspannen, so nutzen Sie gerade die Energie von Gevurah.

Gevurah ist auch die Wurzel der sowohl geistigen als auch körperlichen Disziplin. Durch Gevurah erlangen wir Selbstkontrolle und Selbstbeherrschung, daher lernen wir durch Gevurah, uns selbst zum Lernen und Studieren anzuhalten und alles zu bewältigen, worum wir kämpfen.

Obwohl wir manchmal egozentrisch sein müssen, wenn wir akademische Ehren oder pure Selbstdisziplin in der Arbeitswelt anstreben, müssen wir auch den Sephirah Gevurah beachten, damit er uns befähigt, Rücksicht auf andere zu nehmen, wenn wir unsere Ziele erreichen wollen.

Wie schon gesagt, müssen alle Sephirot durch ihre Gegenspieler aus dem Lebensbaum ausgeglichen werden. Dem Gevurah steht Hessed gegenüber, und das ist sehr wichtig, da Gevurah ohne diesen Ausgleich schädlich und manchmal zerstörerisch sein kann. Durch Gevurah manifestiert sich der Zorn, der manchmal wie in den folgenden Beispielen gewalttätig ausbricht.

- Gewalt in Worten und Taten.
- Entstehen innerer Ressentiments, die zu Rachegedanken führen.
- Aggressives Verhalten im Straßenverkehr.
- Zorn auf Menschen, die am Arbeitsplatz Druck auf uns ausüben – vielleicht durch fast unerfüllbaren Termindruck.
- Bedrohung unserer Selbstachtung durch beleidigende Taten und Worte anderer.

Ausserdem kann man, wenn man sich ohne das Gegengewicht von Hessed auf Gevurah einlässt, manipulativ und egoistisch werden, entschlossen, seinen eigenen Weg zu gehen, ohne Rücksicht auf andere. Wir müssen also über Gevurah als Quelle von Selbstdisziplin und Selbstkontrolle nachdenken, uns dabei aber der Gefühle unserer Mitmenschen und schließlich des Ziels einer spirituellen Gemeinschaft mit Gott bewusst sein.

Rechts: *Die hebräischen Buchstaben Aleph (ganz rechts) und Beit (rechts).*

EINE GEVURAH-ÜBUNG

- Begeben Sie sich an einen ruhigen Platz, setzen oder legen Sie sich hin, schließen Sie die Augen und entspannen Sie sich.
- Konzentrieren Sie sich auf Ihre Atmung.
- Stellen Sie sich dann einen Strahl weißen strahlenden Lichts vor, der durch Ihren Scheitel in Ihren Kopf hineinfließt.
- Beim Durchgehen durch Ihren Kopf wird seine Farbe rot. Er erfüllt ihren ganzen Körper.
- Sprechen Sie mehrmals den göttlichen Namen ELOHIM GIBOR aus.
- Bitten Sie um die notwendige Hilfe und Leitung oder werden Sie zu einem Teil der globalen spirituellen Erleuchtung, die sich auf der ganzen Erde ereignet.
- Spüren Sie die göttliche Führung in sich und den Frieden mit sich selbst.
- Lassen Sie dann das rote Licht wieder in Ihren Kopf hinaufsteigen.
- Lassen Sie den weißen Strahl wieder zu seinem Ursprung zurückkehren.

ELOHIM GIBOR

Oben: *Tiferet hilft uns, Unterschiede zu akzeptieren und das Beste in anderen zu sehen.*

TIFERET – SCHÖNHEIT UND MITGEFÜHL

DIE ZENTRALE POSITION Tiferets hilft beim Ausgleich der gegensätzlichen Gefühle von Hessed – der Hingabe an unsere Gefühle – und Gevurah – der Kontrolle unserer Gefühle. Durch Tiferet können wir unsere innere Balance herstellen.

Unsere individuellen Begabungen sind oft unausgeglichen, durch Konzentration auf den Sephirah Tiferet können wir sie wieder ins Gleichgewicht bringen. Jemand kann zum Beispiel sehr praktisch veranlagt sein, nimmt aber auf die Meinungen und Bedürfnisse anderer keine Rücksicht.

Unser innerer Sephirah Tiferet muss ausbalanciert werden, damit wir Verständnis für die Schwächen anderer gewinnen. Wir brauchen den Ausgleich der Gefühle, der Sorge und des Mitgefühls, in unserem Leben. Wenn wir zwischen unseren gebenden und nehmenden Emotionen kein Gleichgewicht herstellen können, geraten wir ins emotionale Chaos.

Wir müssen Mitgefühl mit anderen bekommen, indem wir versuchen zu verstehen, wie andere zu ihren Meinungen kamen, oder warum sie so handeln. Ohne Mitgefühl könnten wir verbittert werden und die Ideale in unserem Leben verlieren.

EINE TIFERET-ÜBUNG

- Setzen Sie sich an einem ruhigen Ort bequem hin, schließen Sie die Augen, entspannen Sie sich.
- Stellen Sie sich vor, Sie gehen vier Stufen hoch und kommen zu einem offenen Tor.
- Gehen Sie durch das Tor in einen schönen Garten mit Blumen oder über eine Weide voll junger Lämmer, die in der warmen Sonne tanzen.
- Spüren Sie, wie das Sonnenlicht Sie beim Gehen wärmt.
- Sie sehen einige Freunde und Bekannte auf sich zukommen.
- Grüßen Sie sie und spüren Sie, wie Sie ihre Freundschaft und Wärme erreicht.
- Geben Sie diese Freundschaft zurück in Form Ihrer eigenen Gefühle von Liebe, Freude und Wertschätzung ihrer Begleitung.
- Fühlen Sie diese offene Kommunikation aus der Energie wahrer Freundschaft.
- Bedenken Sie, dass jeder anders denkt und handelt, das macht uns alle so einzigartig.
- Beachten Sie, dass Sie viel von den Erfahrungen anderer lernen können, und dass Sie ihnen manchmal auch Fehler zugestehen müssen – keiner ist perfekt.
- Machen Sie sich bewusst, dass wir mit vielen verschiedenen Leuten zusammenleben müssen, und dass jeder besonders und einzigartig ist. Und was am wichtigsten ist: Jeder wurde von Gott erschaffen.
- Genießen Sie diese Gefühle und kehren Sie dann durch das Tor über die vier Stufen zurück, und leben Sie Ihr Leben weiter.

Externe Emotionen

UM DIE VORHERGENANNTEN Emotionen nach außen zu bringen, brauchen wir die folgenden drei Sephirot, die uns helfen, unsere »Persönlichkeit« der Welt um uns zu vermitteln.

NETZAH – EWIGKEIT

WENN UNSERE INNEREN Emotionen geordnet sind, brauchen wir den Strom Netzah, um sie nach außen hin durch Beziehungen oder Gespräche zu kommunizieren. Der »Sieg« Netzahs ist eigentlich die Vollendung der Fähigkeit, über die Grenzen unseres Inneren hinauszuwachsen und wichtige Beziehungen einzugehen und zu erhalten.

Durch den Strom Netzah überschreiten wir die »Ich«–Mentalität und erreichen andere. Sehr früh erkennen wir, dass wir in unserer inneren Welt eingeschlossen sind. Wir sehnen uns nach Freundschaft und Beziehungen in der Welt um uns. Der Strom Netzah ermutigt uns, diesen Schritt aus unserer eigenen Welt herauszutun.

Für die meisten von uns war dieser Schritt nicht so einfach, oft wurden unsere Freundschaftsangebote zurückgewiesen, manchmal auf grausame Art, aber wir erforschen uns selbst weiter und bringen uns voran, und schließlich entdecken wir, dass wir – vielleicht mit einer kleinen Anstrengung – die Gemeinschaft finden, die wir brauchen. Wir müssen aber darauf achten, dass die Enttäuschung über frühere Misserfolge bei unseren Versuchen, uns anderen zu nähern, unser Netzah-Strom nicht verkümmern lässt.

Durch die Erfahrung unserer Gefühle – Hessed und sein Gegengewicht Tiferet – können wir durch den Sephirah Netzah unsere egoistischen Grenzen ausweiten und Liebe und Gefühle an andere herantragen. Anders gesagt: Man lernt für andere das zu empfinden, was man gerne von ihnen bekäme. Daraus entspringt das Gefühl der Liebe.

So wie andere sephirotische Ströme, muss auch Netzah sorgsam ausgeglichen werden, damit er keinen Schaden verursacht. Rechthaberei, Aggressivität und Herrschsucht sind nur einige der negativen Aspekte, die von einem zu mächtigen Netzah-Strom hervorgebracht werden können. Mit anderen Worten: Man kann seine Ich-Grenzen auch ausdehnen, um andere in ihrer Umgebung zu kontrollieren.

Wenn Sie die Heilungsübungen in diesem Buch ausführen, werden Sie erkennen, wie Sie die negativen Aspekte von Netzah in Ihrer eigenen Persönlichkeit abschwächen können. Noch wichtiger aber sind die folgenden Hilfen, mit denen Sie sich gegen diejenigen schützen können, die ihre negativen Netzah-Energien zu nahe an Ihre persönliche Grenze heranbringen.

Oben: *Mit Netzah können wir es wagen, anderen unsere Liebe mitzuteilen und aus dem Herzen zu handeln.*

Unten: *Der Buchstabe Lamed.*

Oben: *Der Buchstabe Kaph.*

Links: *Die Netzah-Übung verwendet einen Spiegel, um negative Energien abzulenken.*

NETZAH-ÜBUNGEN ZUM SCHUTZ GEGEN NEGATIVE NETZAH-STRÖME ANDERER

• Wenn Sie den Eindruck bekommen, dass jemand Sie beherrschen will, stellen Sie sich vor, dass Sie in einer Farbblase sind – egal welche Farbe, aber Gold und Silber sind am besten. Wenn Sie diese Person sehen oder mit ihr sprechen, stellen Sie sich vor, dass sie Ihre Schutzblase nicht durchdringen und Ihnen daher nichts anhaben kann.

• Stellen Sie sich einen Spiegel vor, der die negative Energie auf die Person zurück- und von Ihnen ablenkt.

• Bedecken Sie beim Sprechen den Bereich Ihres Solar plexus mit der Hand, um sich vor negativen Einflüssen zu schützen und die Situation in den Griff zu bekommen.

• Befestigen Sie ein rotes Band oder rote Wolle an Ihrer Unterkleidung, oder tragen Sie ein rotes Armband als Schutz vor negativer Ausstrahlung.

• Streuen Sie Salz auf die Schwelle Ihres Arbeitsraums, um jeden negativen Einfluss von Ihrer Umgebung abzuhalten.

HOD – WIDERHALL

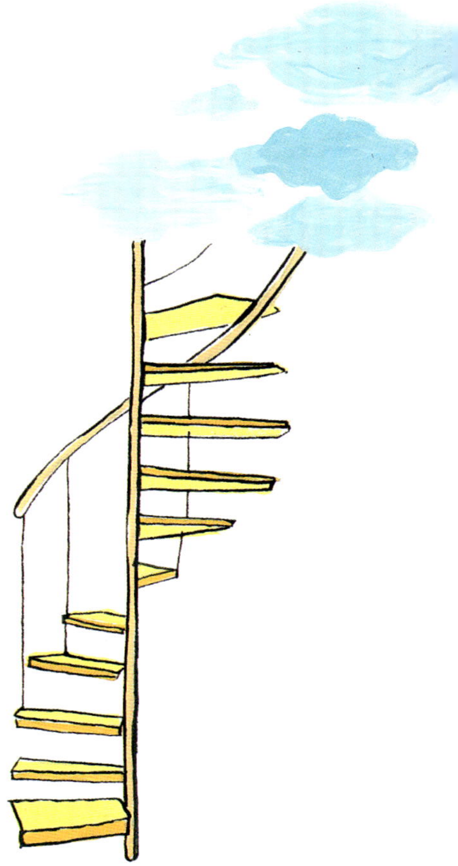

Da wir nun durch den Netzah-Strom im Stande sind, an andere heranzukommen, müssen wir lernen, durch den Hod-Strom andere zu verstehen und uns auf ihre Gefühle einzustellen. Dieser Sephirah beeinflusst menschliche Beziehungen. Wenn wir unseren Netzah-Strom an jemanden richten, aber meinen, dass wir sehr wenig zurückbekommen, ist das ein Zeichen, dass wir unserer Hod-Energie nicht erlauben, zu uns zurückzuströmen. Wir kennen doch alle das Gefühl, wenn wir mit jemandem nicht kommunizieren können, oder wenn man auf unterschiedlichen Wellenlängen ist. Wir sollten dann begreifen, dass wir keine Basis für eine emotionale Beziehung haben.

Durch Hod bauen wir Gefühle des Vertrauens zwischen uns und anderen auf. Dieser Gegenspieler zu Netzah kann dessen negative Aspekte kontrollieren. Er kann uns auch die Fähigkeit lehren, einen echten Dialog zu führen. Durch Hod lernen wir, zu hören, was andere auf allen Ebenen von uns wollen, im Privat- oder im Berufsleben.

Hod lehrt uns auch, unseren eigenen Wert und den anderer zu akzeptieren. Statt in Enttäuschung und Selbstmitleid zu baden, lernen wir, einen Schritt zurückzugehen und jede schmerzliche Erfahrung in etwas Positives zu verwandeln, von dem wir lernen können. Durch Hod beginnen wir zu verstehen, dass alles einen Grund hat, und wie in vielen spirituellen Philosophien sollten wir erkennen, dass wir von jedem Rückschlag lernen können.

EINE HOD-ÜBUNG

- Nehmen Sie kurz an einem ruhigen Ort bequem Platz.
- Konzentrieren Sie sich auf Ihre Atmung, bis Sie entspannt sind.
- Erinnern Sie sich, wann Sie das letzte Mal wirklich glücklich waren.
- Schwelgen Sie in der Erinnerung an dieses Glücksgefühl und an dieses Vergnügen.
- Sie sollten jetzt ein wirklich gutes Gefühl von sich selbst haben.
- Machen Sie sich von Schuldgefühlen und negativen Gedanken frei – was vorbei ist, ist vorbei und kann nicht ungeschehen gemacht werden, seien Sie bereit, aus Ihren Fehlern zu lernen.
- Sie sind eines von Gottes wunderbaren Geschöpfen und besitzen die Kraft, jede negative Hürde zu überwinden, die Ihnen in den Weg gestellt wird. Sie sind großartig, einzigartig und Sie werden geliebt.

YESOD – FUNDAMENT

Oben: *Die Buchstaben Yod (oben) und Tet (unten). Gemeinsam bedeuten sie positive Veränderung.*

YESOD IST DER KANAL durch den alle Sephirot des Verstands und der Emotionen fließen, wenn wir mit der Außenwelt kommunizieren. Er kontrolliert die Art und die Intensität aller Kommunikation, besonders zwischen Menschen. Wenn wir ein enges Band, eine Kommunikation in vollem Sinn, mit einer anderen Person verspüren, dann haben wir ein Yesod-Band mit ihr geknüpft. Durch Yesod fließt die Energie von Netzah, die uns aus Einsamkeit zu Beziehungen führt, ausgeglichen durch den Gegenspieler Hod.

Durch Yesod entwickeln wir die Qualitäten des Vorsatzes – *kavannah*. Wir entwickeln ein Gespür für unsere Ziele, unser Geist soll unseren eigentlichen Lebenszweck finden, und wir konzentrieren uns darauf, diesen zu verwirklichen. Die Energie dieses Sephirah beinhaltet auch unsere Fähigkeit, in Beziehungen zu geben und zu nehmen, Gefühle zu vertiefen und Verständnis für andere zu vergrößern.

EINE YESOD-ÜBUNG

EIN WICHTIGER ASPEKT Yesods ist die Stärkung unseres Gespürs für angemessene Handlungen und ganzheitliche Sichtweisen. Das Bewusstsein der göttlichen Präsenz ist der Schlüssel zum Leben, das wir ersehnen. Umgeben Sie sich mit einer spirituellen Atmosphäre, so bringen Sie Klarheit, Ausgeglichenheit und Erkenntnis in Ihr Innerstes. Erfüllung, Friede, Freude und Wohlstand sind für Sie erreichbar, wenn Sie sich diese Ideen bewusst aneignen, die Ihre Gedanken konstruktiv durch Bekräftigung leiten. Finden Sie einen Gedanken, der Sie im Moment anspricht, schließen Sie die Augen, meditieren Sie gründlich über seine Bedeutung und lassen Sie ihn zu einem Teil von sich werden.

- Ich schließe die Augen und öffne mein Herz der Erfahrung meiner inneren Stärke. Ich habe die Kraft, alles zu ertragen, was das Leben mir auflädt.
- Ich schließe die Augen und öffne mich für die heilende Energie des Universums. Ich spüre ihre Liebe und ihr Verständnis, wenn sie mich mit göttlicher Kraft und Licht erfüllt.
- Ich danke Gott, meinem Schöpfer, der mir ermöglichte, durch meine einzigartige Fähigkeit zu denken, zu lieben und zu sein, das Leben zu gestalten, das ich verdiene.
- Ich bin in diesem Moment da, wo ich sein soll. Ich habe aus vergangenen Erfahrungen gelernt. Um mich herum sehe ich die Glorie der Schöpfung Gottes, und ich feiere meine Verbindung mit allem Leben, ich empfinde Frieden und Harmonie als Teil dieser Welt.
- Ich schließe die Augen und entspanne mich. Ich erkenne das Wesen meiner Seele in meinem Körper. Ich fühle ihr Licht und ihre Energie und weiß, dass ich von Weisheit und Gottes Liebe erfüllt bin. Ich bin wahrhaft ein Zeuge des Wunders der Schöpfung und weiß mich wirklich geliebt.
- Jeden Tag lerne ich etwas Neues. Ich bin positiv eingestellt und fühle mich wohl. Jeden Tag möchte ich neue Erfahrungen machen. In meiner Welt ist alles gut und ich werde durch diese Erfahrungen wachsen.
- Ich akzeptiere die Veränderungen in meinem Leben. Ich habe mein Schicksal unter Kontrolle und will jeden Tag wundervoll machen.
- Ich schließe die Augen und denke einen Moment über den Erfolg vieler Ereignisse und Projekte meines Lebens nach. Ich bin mir immer der in meiner Seele reflektierten göttlichen Energie bewusst und weiß, dass mein Leben ein bereits geschriebenes Buch ist, und ich immer Lektionen lerne, die vorbestimmt sind.
- Mein Leben ist reich an Geschenken Gottes. Ich bin mit Vertrauen, Gesundheit, Liebe und Kreativität gesegnet, ich bin einzigartig und schön und eigens von Gott geschaffen. Ich danke Gott für mein Leben und werde jedem Problem mit dem Wissen begegnen, dass das zum Lernprozess des Lebens gehört, und ich werde jedes Hindernis überwinden.
- Mein Leben ist ein Ganzes, ich liebe mich selbst und bin voll Harmonie und Ausgeglichenheit. Je mehr Liebe und Verständnis ich anderen entgegenbringe, desto mehr werde ich zurückbekommen. Meine innere Kapazität dafür ist unendlich, die anderen spüren das, wenn ich sie grüße. Es stärkt mich, wenn sie diese Liebe und dieses Verständnis erwidern.

DER SEPHIROT DER BEZIEHUNGEN

Hokhmah ist die Quelle unserer Gedanken, Kreativität und Inspiration.
Binah verwandelt sie in kohärente Denkmuster, die uns bewusst machen, wie wir denken.
Daat verbindet diese beiden mit Weisheit und bringt Emotionen hervor.
Hessed lehrt uns, unsere Gefühle zu erfahren und fördert Geben und Teilen.
Gevurah hilft, diesen Strom zu kontrollieren und zeigt uns, was das Beste für uns ist.
Tiferet gleicht unsere Gefühle aus, sodass wir die Bedürfnisse anderer verstehen können.
Netzah verhilft uns zu wichtigen Beziehungen, zu Liebe und Leidenschaft.
Hod gibt uns Mitgefühl mit anderen. Er ist der Schlüssel der Kommunikation.

Heilung des Körpers

MALKHUT – KÖNIGREICH

Das ist der Brennpunkt aller Sephirot-Ströme, wenn sie ihr Ziel, den Menschen, erreichen. Alle Emotionen und Gedanken, die vom Schöpfer her durch unser Unterbewusstsein und unser Bewusstsein strömen, werden hier zu unserer physischen Erscheinung geleitet. So denken wir über alles und alle, so werden wir wahrgenommen.

Ein Schwerpunkt in der traditionellen Literatur der Kabbala ist die Interaktion zwischen den himmlischen Sephirot und den pysischen Attributen des menschlichen Körpers, die direkt von Gott durch die physischen Ebenen fließen.

Keter manifestiert sich als der Kopf, um zu zeigen, dass unsere bewussten Erfahrungen von da her kommen. Durch die physischen Attribute Keters weiten sich unsere mentalen Fähigkeiten aus.

Hokhmah gilt als Sitz unseres mentalen Könnens oder als »Geist im

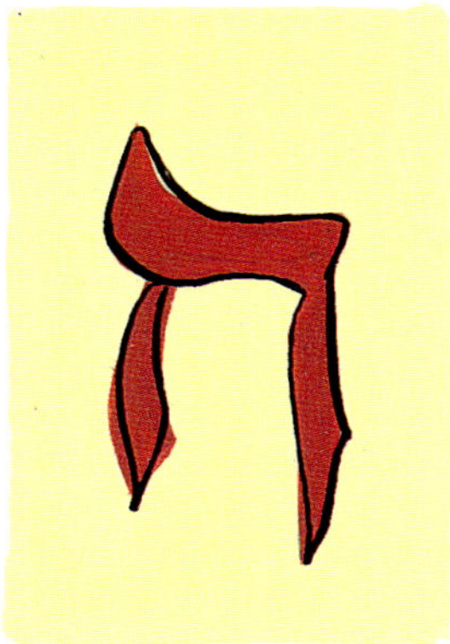

Geiste«. **Binah** ist mit Hokhmah verwandt, er ist nicht nur dem physischen Herzen, sondern auch dem emotionalen zugeordnet – dem Zentrum der Gefühlserfahrung aus dem Verstehen des Geistes. Das zeigt sich auch im Körper, wo Hokhmah im linken Hirnlappen sitzt und Binah im rechten. Der Hinterhauptlappen ist das Zentrum von **Daat**, an dieser Stelle trifft das Gehirn auf die Wirbelsäule.

Hessed verkörpert den linken Arm, **Gevurah** den rechten. Darauf spielt der kabbalistische Spruch an: »Mein linker Arm soll wegstoßen, mein rechter heranziehen.« In diesem Zusammenhang heißt »wegstoßen« befreien, anderen ein Gefühl der Unabhängigkeit geben, während »heranziehen« das Bewusstsein gegenseitiger Abhängigkeit illustriert. Die ausgleichende Position **Tiferets** manifestiert sich im ganzen äußeren Körper und sitzt zwischen den Armen im Oberkörper.

Netzah und **Hod** entsprechen den Beinen, die den ersten und dauerhaften Kontakt mit der Außenwelt darstellen. Sie steuern die Bewegungen des Körpers als Ganzes und bringen jemanden dorthin, wo er hin will. Hod ist die Energie, die uns erlaubt, unseren besten Fuß entschieden voranzusetzen. Netzah, im linken Bein, hilft bei der Kontrolle unserer Bewegungen und unserer Entschlossenheit.

Yesod wird als »Zeichen des Heiligen Bundes« bezeichnet, das den männlichen und weiblichen Fortpflanzungsorganen entspricht. Yesod ist die Manifestierung der Fähigkeiten des Körpers, sich selbst zu bestätigen und zu erfüllen und mit anderen zu kommunizieren.

Malkhut ist der Sitz der Kraft der Seele im Mund, das Zentrum der Macht und des Einflusses einer Person. Man nennt ihn »das Wort der Herrschaft des Königs«, das heißt, dass die Herrschaft des Königs so weit reicht, wie sein Wort. Es ist die Fähigkeit des Munds zu sprechen, die Macht der Selbstdarstellung und der Gedanken anzurufen und damit die Welt zu beeinflussen.

Durch Malkhut können wir unseren Körper heilen. Wenn wir die Energie dieses Sephirah zusammen mit den zusätzlichen Energien der Farben und Schwingungen verwenden, können wir unsere heilenden Kräfte verstärken.

Oben links: *Der Buchstabe Chet steht für Führung.*

Unten: *Der Buchstabe Zayin bedeutet Einheit und Gefühl.*

Oben: *(Von rechts nach links) Die Buchstaben Ayin, Pei und Tzaddi.*

Arbeit mit Farben

WENN SIE DEN EINSATZ des Lebensbaums mit dem Gebrauch von Farben kombinieren, fügen Sie eine mächtige Energie hinzu. Durch Betrachtung der mit jedem Sephirah verbundenen Farbe stellen Sie die Energie der Sephirot für einen präziseren Gebrauch genau ein.

Bei Verwendung von Farben ist es ratsam, sich selbst mit Objekten der gewählten Farbe zu umgeben. Dazu gehört das Halten von Kristallen, das Aufstellen der richtigen Blumen, das Tragen von Kleidungsstücken in der richtigen Farbe an den Körperstellen, die behandelt werden sollen.

Es gibt verschiedene Farbskalen in Zusammenhang mit dem Lebensbaum. Einige verwenden die den Sephirot zugeordneten Farben, die sich auf ihrem Weg durch die Vier Welten ändern und in der gegenüberstehenden Tabelle dargestellt sind. Die am häufigsten verwendeten Farben sind jene der Königsskala und der Königinnenskala. In diesen Skalen finden wir durch den Symbolismus der Farben die männlichen und weiblichen Aspekte, die immer in jedem Sephirah koexistieren.

Die Königsskala gilt als maskulin und hat daher speziell männliche Attribute, die sie stimulierend, aktiv und nach außen gerichtet machen. Die Königinnenskala gilt als feminin – rezeptiv, offen und passiv.

Die meisten Farbdiagramme des Lebensbaums zeigen die Sephirot in den Farben der Königinnenskala, denn im Allgemeinen werden den Sephirot mehr weibliche Merkmale zugeschrieben, obwohl sie offene Kanäle für die Energien Gottes sind, die durch sie strömen, und Gott besitzt ja sowohl weibliche als auch männliche Attribute.

DIE FARBSKALEN

SEPHIRAH	KÖNIGSSKALA	KÖNIGINNENSKALA
KETER	STRAHLEND WEISS	STRAHLEND WEISS
HOKHMAH	SANFTES BLAU	GRAU
BINAH	KARMINROT	SCHWARZ
DAAT	LAVENDELFARBEN	GRAU-WEISS
HESSED	DUNKELVIOLETT	BLAU
GEVURAH	ORANGE	ROT
TIFERET	ROSA	GELB
NETZAH	BERNSTEINFARBEN	GRÜN
HOD	VIOLETT	ORANGE
YESOD	INDIGOBLAU	VIOLETT
MALKHUT	GELB	ZITRONENGELB, ROSTBRAUN, OLIVGRÜN, SCHWARZ

Schwingungsebenen

Bestimmte Namen Gottes sind, wenn sie richtig intoniert werden, mit den verschiedenen Energien jedes Sephirah assoziiert. Diese Namen sind unverändert, seit sie zum ersten Mal von den Kabbalisten benutzt wurden, und die in ihnen enthaltenen Energien sind unsere Verbindung mit dem Göttlichen in unserer Seele und an unserem Platz im Universum.

Jetzt erst wird vielen die Macht dieser Schwingungsenergie bewusst, die oft *harmonische Resonanz* genannt wird. Man kann das so erklären, dass ein Objekt, das stark schwingt, ein anderes in seiner Nähe beeinflussen kann, das auf der gleichen Schwingungsebene zum Mitschwingen gebracht wird.

Um die Namen Gottes korrekt zu intonieren, müssen Sie sich zuerst auf den Namen konzentrieren und ihn dann so intonieren, dass Sie seine Resonanz in Ihrem ganzen Brustkorb spüren. Mit viel Übung spüren Sie diese Resonanz auch in Ihrem ganzen Körper.

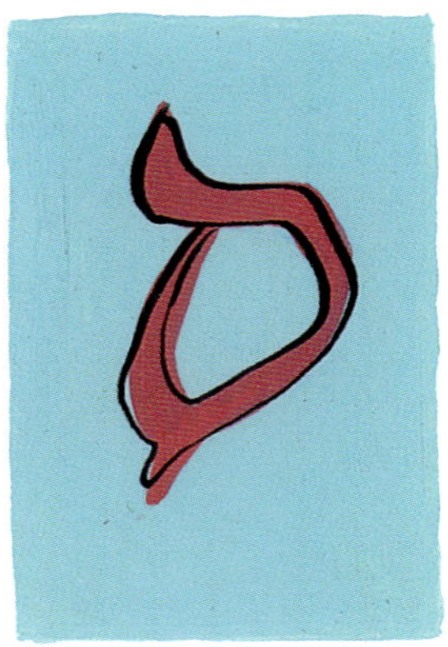

Links: *Der Buchstabe Samekh.*

HEILENDE MEDITATIONEN MIT SPEZIFISCHEN SEPHIROT

Auf die folgenden Attribute der einzelnen Sephirot können Sie sich beim Meditieren konzentrieren:

Keter – Spiritualität, Friede, Entspannung, Ruhe, Erleuchtung.

Hokhmah – Intuition, Energie, Vitalität, Kreativität, Weisheit, Inspiration.

Binah – Kraft und Verständnis für Leid, Glaube, Verständnis, Bewusstsein, produktives Denken.

Daat – Weisheit in allen Belangen, Intuition, spirituelle Entwicklung, Wohlergehen.

Hessed – Reichtum, Wohlstand, Großzügigkeit, Fairness, Teilen, innere Empfindungen, Kommunikation, persönliche Erfüllung.

Gevurah – Mut, Seelenstärke, Kraft, Veränderung, Energie, Urteilskraft, Selbstkontrolle, Antrieb, Reinigung.

Tiferet – Erleuchtung, Harmonie, Heilung, Erfolg, Mitgefühl, Erfüllung, inneres Gleichgewicht.

Netzah – Liebe, Leidenschaft, Beziehungen, Kreativität, Idealismus, soziales Bewusstsein.

Hod – Kommunikation, Lernen, Intuition, positive Einstellung, Geschäfte.

Yesod – Selbstwertgefühl, positives Denken, Vertrauen, Zielstrebigkeit, Unabhängigkeit, psychische Fähigkeiten.

Malkhut – Physische Gesundheit, Umwelt, Selbsterkenntnis.

Vielleicht möchten Sie sich beim Meditieren auf einen oder zwei der sephirotischen Ströme konzentrieren, das ist durchaus möglich.

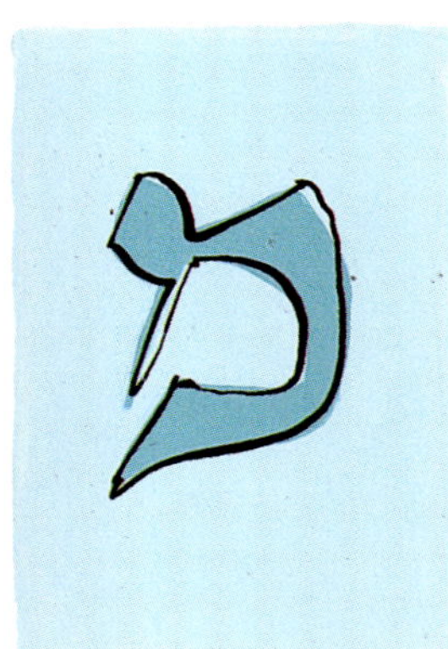

Links: *Die Buchstaben Mem (links) und Nun (ganz links).*

ALLGEMEINE ANWEISUNGEN FÜR INDIVIDUELLE MEDITATIONEN

- Begeben Sie sich an einen ruhigen, ungestörten Ort, setzten Sie sich bequem oder legen Sie sich hin. Schließen Sie die Augen.
- Konzentrieren Sie sich auf Ihre Atmung.
- Stellen Sie sich einen Strahl reinen, weißen Lichts vor, der am Scheitel Ihres Haupts in Ihr Keter-Reich hineinfließt. Intonieren Sie den heiligen Namen EHEYEH (Eh-hey-yah).
- Lenken Sie den Lichtstrahl auf den Sephirah, auf den Sie sich konzentrieren möchten.
- Öffnen Sie Ihren individuellen Sephirah durch Farben und durch die unten genannten göttlichen Namen.
- Konzentrieren Sie sich darauf, wie Sie jeden der Sephirot-Ströme öffnen wollen:

KETER	SCHEITEL	STRAHLEND WEISSES LICHT	EHEYEH
HOKHMAH	LINKE SCHLÄFE	GRAUES LICHT	YAH
BINAH	RECHTE SCHLÄFE	SCHWARZES LICHT	YHVH ELOHIM
DAAT	HINTERKOPF	GRAU-WEISSES LICHT	YHVH ELOHIM
HESSED	LINKE SCHULTER	BLAUES LICHT	EL
GEVURAH	RECHTE SCHULTER	ROTES LICHT	ELOHIM GIBOR
TIFERET	HERZ	GELBES LICHT	YHVH ELOAH VE DA'AT
NETZAH	LINKE HÜFTE	GRÜNES LICHT	YHVH TZABA'OT
HOD	RECHTE HÜFTE	ORANGES LICHT	ELOHIM TZABA'OT
YESOD	GENITALBEREICH	VIOLETTES LICHT	SHADDAI EL CHAI
MALKHUT	FÜSSE UND KNÖCHEL	ZITRONENFARBENES, ROSTBRAUNES, SCHWARZES, OLIVGRÜNES LICHT	ADONAI HA'ARETZ

- Leiten Sie am Ende den Strahl weißen Lichts wieder durch Ihren Körper zurück und hinauf durch Keter.
- Atmen sie ganz bewusst, stehen Sie dann auf und widmen Sie sich wieder Ihrem Leben.

MEDITATION UND KABBALA

MEDITATION IST DIE DISZIPLIN, mit der wir den Geist dazu bringen, für eine bestimmte Zeit in kontrollierter Weise zu denken. Das klingt leichter als es ist, denn wenn wir anfangen, das Meditieren zu erlernen, scheinen unsere Gedanken umso mehr außer Kontrolle zu geraten, je mehr wir versuchen, sie zu kontrollieren. Versuchen Sie zuerst folgende Übung:

HEILENDE ENERGIEN

DIESE TABELLE ZEIGT DIE HEILENDEN ENERGIEN DER ZWEIUNDZWANZIG PFADE, DIE DIE SEPHIROT VERBINDEN, SOWIE DIE ENTSPRECHENDEN FARBEN UND KRISTALLE, DIE BEI EINER MEDITATION ÜBER DIESEN PFAD VERWENDET WERDEN SOLLTEN.

PFADNUMMER	KEINE VERBINDUNG	VERBINDUNG	ENTSPRECHENDE FARBE
11	KETER UND HOKHMAH	1 UND 2	SMARAGD
12	KETER UND BINAH	1 UND 3	PURPUR
13	KETER UND TIFERET	1 UND 6	SILBER
14	HOKHMAH UND BINAH	2 UND 3	ROSA
15	HOKHMAH UND TIFERET	2 UND 6	ROT
16	HOKHMAH UND HESSED	2 UND 4	BRAUN
17	BINAH UND TIFERET	3 UND 6	MAUVE
18	BINAH UND GEVURAH	3 UND 5	KASTANIENBRAUN
19	HESSED UND GEVURAH	4 UND 5	DUNKELROT
20	HESSED UND TIFERET	4 UND 6	PFLAUMENFARBEN
21	HESSED UND NETZAH	4 UND 7	DUNKELBLAU
22	GEVURAH UND TIFERET	5 UND 6	HELLGRÜN
23	GEVURAH UND HOD	5 UND 8	HELLES PURPUR
24	TIFERET UND NETZAH	6 UND 7	INDIGOBLAU
25	TIFERET UND YESOD	6 UND 9	DUNKELBLAU
26	TIFERET UND HOD	6 UND 8	SCHWARZ
27	NETZAH UND HOD	7 UND 8	HELLROT
28	NETZAH UND YESOD	7 UND 9	MAUVE
29	NETZAH UND MALKHUT	7 UND 10	STEINGRAU
30	HOD UND YESOD	8 UND 9	GOLDGELB
31	HOD UND MALKHUT	8 UND 10	ZINNOBERROT
32	YESOD UND MALKHUT	9 UND 10	WEISS, ROT, GELB, BLAU

AUFHÖREN, ZU DENKEN

DEN VERSTAND FÜR einige Momente auszublenden, ist gar nicht so einfach – wie lang dauert es? Wenn Sie noch keine Erfahrung mit Meditation haben, werden Sie Ihren Geist kaum länger als ein paar Sekunden frei von Gedanken halten können. Gedanken wie »Ich versuche, nicht zu denken« kommen Ihnen wahrscheinlich zuerst in den Sinn. Das zeigt, wie schwierig es eigentlich ist, abzuschalten und den Geist zu kontrollieren.

Eine weitere einfache Übung ist das Entspannen und Schließen der Augen. Zuerst sehen Sie Lichtblitze und Bilder, aber dann treten andere Bilder an deren Stelle, die sich ohne Ihr Zutun ändern werden.

MENSCHLICHE KÖRPERTEILE	EMPFOHLENE KRISTALLE
LINKES AUGE, HYPOPHYSE	TOPAS, CHALCEDONISCHE JADE
RECHTES AUGE, OHR , ZIRBELDRÜSE	ACHAT, OPAL, JADE
RÜCKENMARK	MONDSTEIN, QUARZ, PERLEN
MUND, NASE	SMARAGD, TÜRKIS
ARTERIELLES BLUT	TOPAS, KARNEOL
PITUITARES SYSTEM	TURMALIN, ALEXANDRIT
VENÖSES BLUT	AMETHYST
PITUITARES SYSTEM	BERNSTEIN, KATZENAUGE
MILZ, LYMPHATISCHES SYSTEM	ROSENQUARZ, ACHAT, CALCIT, HAMATIT, BERNSTEIN, KATZENAUGE
LINKE LUNGE	PERIDOT, CHRYSOCOLLA
MASTDARM, DICKDARM	AMETHYST, LAPIS LAZULI, TIGERAUGE
RECHTE LUNGE	SMARAGD, CHRYSOCOLLA
DICKDARM	AQUAMARIN, TIGERAUGE
MAGEN	AGATE, DIOPTASE, PYRITE
RÜCKENMARK UND SOLAR PLEXUS	SODALITH, CALCIT, ZITRIN
PANKREAS, GALLENBLASE, LEBER	ACHAT, SCHWARZER ONYX, MALACHIT, JASPIS, ZITRIN
DÜNNDARM	RUBIN, GRANAT, ZITRIN
MANN – LINKER HODEN, FRAU – LINKER EILEITER UND EIERSTOCK	QUARZ, BLUTSTEIN, ROSENQUARZ, JADE, MONDSTEIN
LINKE SKELETTKNOCHEN UND -MUSKELN	BLUTSTEIN, LAPIS LAZULI, PERLEN, AVENTURIN
MANN – RECHTER HODEN, FRAU – RECHTER EILEITER UND EIERSTOCK	CHRYSOLITH, GOLD, BLUTSTEIN, ROSENQUARZ, JADE, MONDSTEIN
RECHTE SKELETTKNOCHEN UND -MUSKELN	BLUTSTEIN, LAPIS LAZULI, FEUEROPAL, AVENTURIN
HAUT, HARNBLASE	ONYX, GIPS, JASPIS

Versuchen Sie, noch immer mit geschlossenen Augen, diese Bilder zu kontrollieren. Lassen Sie vor Ihrem geistigen Auge einen Ball entstehen und bewegen Sie ihn auf und ab. Wenn Sie noch ungeübt sind, werden Sie dieses Bild nicht sehr lange kontrollieren können. In der kabbalistischen Meditation nennt man diese Technik des Steuerns eines Bildes mit dem geistigen Auge »gravieren«, man kann sie mit Übung und Geduld erlernen.

Diese Übungen zeigen, dass es zwei Teile des Geists gibt – den bewussten und den unbewussten. Der bewusste Teil unseres Geists wird vom Willen kontrolliert, der unbewusste nicht. Eines der wichtigsten Ziele der Meditation ist, das Erlernen der Kontrolle über unser Unterbewusstsein, dazu müssen wir aber zuerst unser Bewusstsein kontrollieren.

Die meisten Formen der Meditation beginnen mit Übungen zur Atemkontrolle. Die Atmung ist ja gewöhnlich eine automatische Funktion, gesteuert von unserem Unterbewusstsein. Durch das Kontrollieren der Atmung am Beginn des meditativen Zustands lernen wir, den Übergang vom Bewusstsein zum Unterbewusstsein zu kontrollieren.

Das Ziel der meisten Leute, die an Meditationen teilnehmen wollen, ist das Erreichen »höherer Bewusstseinszustände«. Das ist ein schwer zu beschreibender Zustand. Sagen wir einfach, wir versuchen einen Zustand zu erreichen, in dem wir Teile unseres Geists nutzen, zu denen wir sonst keinen bewussten Zugang haben.

Unten: *Der Buchstabe Tav.*

Bezüge zur Meditation finden sich in den wichtigsten kabbalistischen Texten von biblischer Zeit bis zur Gegenwart. Bis zum Mittelalter wurden große Mengen kabbalistischer Literatur verfasst, die sich auf Meditation und meditative Erfahrungen beziehen, darin wurden die verwendeten Techniken zwar erwähnt, aber nie wirklich beschrieben, woraus man schließen muss, dass das ein Schwerpunkt der mündlich vermittelten Lehre der Kabbala war. Erst seit Abraham Abulafia (1240–1296) finden diese Methoden auch in den Schriften ihren Niederschlag.

Dass dieser Aspekt der Kabbala weit gehend unbekannt ist, liegt daran, dass – obwohl Meditation und Mystizismus bis in die Mitte des neunzehnten Jahrhunderts ein wesentlicher Bestandteil vom Judentum und somit

Oben: *(Von rechts nach links) Die Buchstaben Kuf, Resh und Shin.*

Kabbala war – in den letzten eineinhalb Jahrhunderten viel getan wurde, um das intelektuelle Wissensniveau zu heben, weshalb alles, was mit Mystik und Magie zu tun hatte, also auch die Meditation, beiseite geschoben und ignoriert wurde. In den letzten zweihundert Jahren veränderte sich auch das Studium der Kabbala entscheidend. Einerseits versuchten die Emigranten in den USA und in Teilen Europas, sich in ihrer neuen Heimat zu assimilieren, andererseits mussten die in Russland und Polen verbliebenen Juden mit Unterdrückung, Pogromen und Krieg samt der Tragödie des Holocaust fertig werden.

Aus tausenderlei Gründen scheinen daher vor huntertfünfzig Jahren alle Bezüge zur Meditation aus dem Großteil der jüdischen Literatur und Lehre verschwunden zu sein.

In der Kabbala wird der normale Weg des Entstehens von Gedanken als *mochin de-katnuth* – die »Mentalität der Kindheit« bezeichnet. Nur durch Meditation können wir das kindliche Denken überwinden und »erwachsen denken«.

Kavannah ist das am häufigsten in der Kabbala zum Beschreiben einer Form von Meditation verwendete Wort. Das hebräische Wort bedeutet Meditation mit »gelenktem Bewusstsein« oder Brennpunkt – anders gesagt, wenn wir meditieren, sollten wir das aus einem bestimmten Grund und mit einem bestimmten Ziel tun.

Hitbonenuth ist ein weiterer hebräischer Ausdruck in Verbindung mit Kabbala und Meditation. Wörtlich übersetzt heißt er »Selbst-Verständnis«, er führt zu anderen Ergebnissen als die auf Kavannah beruhende Meditation. Mit der Methode des Hitbonenuth, können Sie sich auf ein Objekt oder einen Gedanken konzentrieren und Ihren Geist ganz damit erfüllen, wodurch sie einen Weg finden, sich selbst zu verstehen.

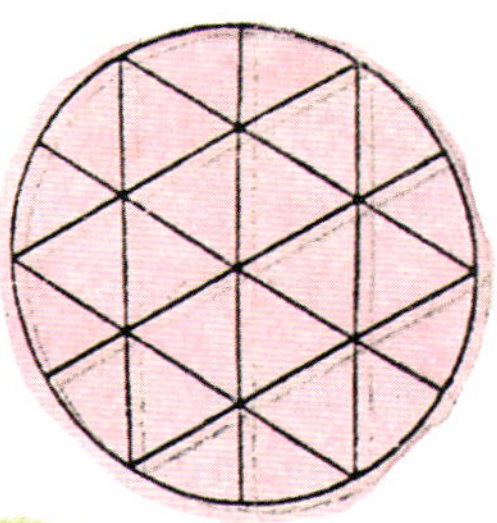

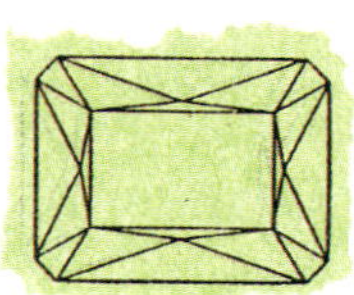

Extern gesteuerte Meditation ist eine Methode, bei der ein äußeres Objekt verwendet wird, auf das sich der Geist konzentriert, damit man einen höheren Bewusstseinszustand erreicht. Dieses Objekt kann alles Mögliche sein, oft ist es aber ein Kristall, eine Blume, ein Bild oder eine brennende Kerze. Diese Art von Meditation kann strukturiert oder unstrukturiert sein –

Oben: *(Von rechts nach links) Die Buchstaben Hei und Zayzin.*

Sie haben die Wahl. Wenn Sie sich für die unstrukturierte entscheiden, konzentrieren Sie Ihren Geist auf ein Objekt und lassen Sie Ihre Gedanken frei fließen. Wenn Sie diese Meditation strukturieren wollen, versuchen Sie, ihren Geist ganz frei zu machen und Ihre Gedanken zu kontrollieren.

Wie auch immer Sie diese Art von Meditation strukturieren, Sie werden, wenn Sie tiefer und tiefer in das Konzentrationsobjekt hineinschauen, schließlich sein inneres Wesen erkennen, und das wird Ihnen helfen, alle anderen Gedanken aus Ihrem Geist zu verbannen. Durch Konzentration werden Sie schließlich das Göttliche in diesem Objekt sehen und sich dadurch völlig für die Kommunikation mit spirituellen Reichen öffnen können.

Unten: *Während der spirituellen Heilmeditation machen Sie sich selbst zu einem Gefäß, durch das die heilende Energie fließt.*

VERGESSEN SIE NICHT, sich nach jeder Art von Meditation die Zeit zu nehmen, diese auch wieder abzuschließen. Sie könnten sonst für alle möglichen äußeren Einflüsse wie für Gefühle anderer Leute offen bleiben. Denken Sie auch daran, eine brennende Kerze nie unbeaufsichtigt zu lassen.

Meditation für spirituelle Heilung

DURCH DIESE MEDITATION können Sie zu einem Gefäß werden, durch welches spirituelle Energien fließen können, deren heilende Möglichkeiten Sie nutzen können. Mit der Zeit und mit der Praxis wird diese mächtige Meditation Sie zu einem offenen Kanal machen, durch den die heilenden spirituellen Energien des Kosmos sich durch das Reich Atzilut mit Ihrer Seele (*neshamah*) verbinden werden.

Sie können allein oder in einer Gruppe meditieren. Sie können die Schritte vorher aufzeichnen. Auch bei einer Gruppenmeditation können Sie das vorher aufzeichnen, oder ein Gruppenmitglied führt cie anderen durch die verschiedenen Stadien. In der Gruppe kann das gemeinsame Atemgeräusch die Teilnehmer verbinden und ihre Energien bündeln.

• Begeben Sie sich an einen ruhigen Ort, wo Sie nicht gestört werden und setzen Sie sich in einen bequemen Stuhl.
• Ziehen Sie Ihre Schuhe aus und stellen Sie die Füße flach auf den Boden. Sitzen Sie so aufrecht wie es noch bequem ist, schauen Sie geradeaus. Legen Sie die Hände in den Schoß, die Handflächen nach oben.
• Schließen Sie die Augen und konzentrieren Sie sich auf die Atmung, achten Sie darauf, wie Sie tief ein- und ausatmen. Kontrollieren Sie zunächst Ihre Atmung noch nicht, beobachten Sie sie nur: ein … aus … ein … aus.
• Kontrollieren Sie jetzt die Atmung. Sie atmen ein und zählen dabei bis vier, halten die Luft an, zählen bis vier, atmen aus und zählen dabei bis vier. Wiederholen Sie das, bis Sie tief entspannt und bereit für die Meditation sind.
• Werden Sie sich Ihrer Füße und des Bodens darunter bewusst. Spüren Sie, wie Wurzeln von Ihren Füßen in die Erde hineinwachsen. Es spielt keine Rolle, in welchem Stockwerk Sie sind – fühlen Sie, wie Sie ein Teil der Erde werden.
• Spüren Sie in Ihrem Geist, wie ein Strom von wahrer Energie und Licht durch die Wurzeln in Ihre Füße fließt. Fühlen Sie diese wunderbar warme Energie durch Ihre Knöchel, Waden und Knie aufsteigen, bis Sie sie in Ihrem Magen spüren.
• Fühlen Sie, wie diese Energie ganz langsam und sanft Ihren Körper erfüllt. Wenn sie Ihre Fingerspitzen erreicht, fließt sie weiter, jenseits Ihres Körpers. Machen Sie sich dieses warme prickelnde Gefühl bewusst.
• Spüren Sie die kosmische Energie durch Ihren Unterleib, Ihre Brust, Ihren Kopf und Ihre Stirn bis zum Scheitel ansteigen.
• Nun sind Sie ein offener Kanal für die spirituelle und heilende Energie des Kosmos und des Göttlichen. Fühlen Sie, wie sie durch Ihre Sohlen, Ihren ganzen Körper und weiter durch Ihren Scheitel in den Kosmos zurückströmt.
• Schwelgen Sie in diesem wundervollen Gefühl. Wenn Sie irgendwo eine Blockade spüren, leiten Sie im Geist den Energiefluss dort hin, um sie zu lösen.
• Bitten Sie dann diese heilende Energie, Ihnen bei der Lösung aller persönlichen Probleme zu helfen.
• Bringen Sie dann auch anderen mit dieser heilenden Energie Hilfe. Stellen Sie sich vor Ihrem geistigen Auge die Person vor, der Sie helfen wollen. Sagen Sie ihren Namen, im Geist oder laut. Wenn Ihnen niemand Bestimmter einfällt, senden Sie die Energie als Hilfe an alle Menschen und die Welt. (In einer Gruppe sollten die Mitglieder die Namen derjenigen, denen sie helfen wollen, ausrufen.)
• Entspannen Sie sich und genießen Sie diese Durchströmung Ihrer Seele und des Kosmos, bis Sie bereit sind, aus dem meditativen Zustand wieder herauszukommen.
• Dafür ist es wichtig, korrekt »abzuschließen«, sonst bleiben Sie »offen« und fangen eine Vielzahl von Energien aus Ihrer Umwelt auf, auch von zufällig Vorbeigehenden.
• Konzentrieren Sie sich wieder auf Ihren Atemrhythmus. Zählen Sie beim Einatmen bis vier, halten Sie die Luft bis vier an, zählen Sie beim Ausatmen bis vier.
• Die warme Energie zieht sich sanft von Ihrem Kopf durch Ihren Körper und die Wurzeln in die Erde zurück.
• Nehmen Sie sich einen Augenblick für sich selbst Zeit, bevor Sie sich wieder dem Alltag widmen.

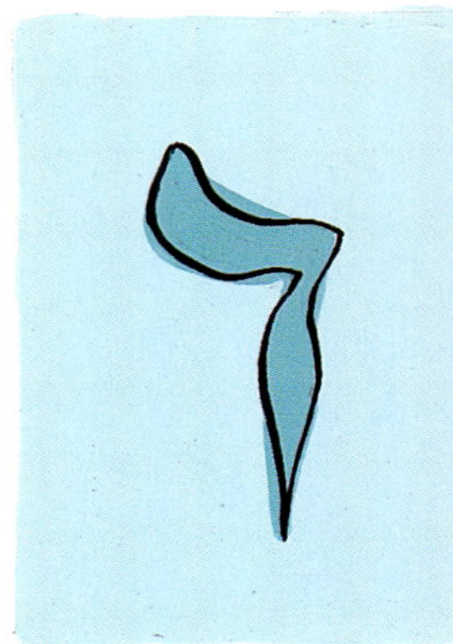

Oben: *Kerzen für eine Wohlstands-Visualisierung.*
Ganz rechts: *Daled und (rechts) Gimel.*

Visualisierung, um Wohlstand zu erlangen

DIESE VISUALISIERUNG beruht darauf, die Macht des Geistes dazu zu verwenden, das zu erreichen, was man sich wünscht. Um erfolgreich zu sein, sollte man das am besten bei Vollmond machen. Führen Sie die Visualisierung keinesfalls bei abnehmendem Mond durch, es könnten negative Energien eindringen.

Wenn vorhanden, zünden Sie ein paar Kerzen an, am besten grüne. Es ist gut, sie ganz abbrennen zu lassen, aber nicht unbedingt notwendig – und lassen Sie brennende Kerzen nie unbeaufsichtigt.

- Setzen Sie sich in einen bequemen Stuhl, ziehen Sie die Schuhe aus.
- Beginnen Sie, kontrolliert zu atmen. Atmen Sie ein, halten Sie die Luft an, atmen Sie aus und zählen Sie dabei jeweils bis vier.
- Bei dieser Übung können Sie die Augen offen lassen oder schließen, wie Sie wollen.
- Wenn Sie entspannt genug sind, beginnen Sie mit der Visualisierung.
- Öffnen Sie sich geistig für die Macht des Universums, die in jede Ihrer Fasern eindringt.
- Stellen Sie sich die Freude vor, die Reichtum und Wohlstand Ihrer Familie bringen würden.
- Denken Sie nicht darüber nach, wie Sie diesen Wohlstand erlangen können, denken Sie nur an die Freude, die er bringen würde.
- Schwelgen Sie in diesen Gedanken so lange Sie wollen.
- Wenn Sie aus dieser Visualisierung herauskommen wollen, konzentrieren Sie sich wieder auf die Atmung.
- Spüren Sie, wie die universelle Energie von Ihnen abfließt.
- Sie merken von selbst, wenn Sie wieder bereit sind, sich dem Alltag zuzuwenden.

Oben: *Eine »schwebende« Meditation für Kreativität.*

Meditation für Kreativität

DIESE MEDITATION ÖFFNET Sie für die kreativen Energien des Kosmos, erzeugt ein positiv aufbauendes Gefühl und erfüllt Sie mit Energie. Das ist eine gute Meditation vor einem anstrengenden Tag zu Hause oder im Beruf, wenn Sie energiegeladen sein sollten. Sie öffnet Sie für die kreativen und inspirierenden Welten von Atzilut und Beriya.

- Begeben Sie sich an einen ruhigen Ort und setzen Sie sich in einen bequemen Stuhl, ziehen Sie die Schuhe aus.
- Beginnen Sie, kontrolliert zu atmen. Atmen Sie ein, halten Sie die Luft an, atmen Sie aus und zählen Sie dabei jeweils bis vier.
- Beginnen Sie dann mit der Meditation.
- Sie steigen vier Treppen hoch – zählen Sie mit – und oben sehen Sie ein offenes Tor, durch das sie die dunkle Nacht mit dem scheinenden Vollmond und Millionen Sterne sehen.
- Gehen Sie durch das Tor in die Nacht und fühlen Sie das Gras einer schönen Wiese unter den Füßen.
- Machen Sie ein paar Schritte, fühlen Sie, wie Sie immer leichter werden, bis Sie zu den Sternen und Galaxien hinaufschweben.
- Sie schweben schwerelos und sehen die Erde unter sich heraufscheinen.
- Sie spüren Freiheit und Heiterkeit während Sie um die Galaxien schweben und öffnen sich für die Energie und das Licht des Schöpfers.
- Genießen Sie es, in dieser wunderbaren Energie und dem Licht zu baden, das jeden Teil von Ihnen mit Energie und Selbstwertgefühl erfüllt. Seien Sie stolz auf die Person, die Sie sind, sie sind einzigartig und besonders.
- Sie fühlen sich erhoben und sorgenfrei.
- Wenn Sie Hilfe bei einem Projekt brauchen, bitten Sie um einen kreativen Anstoß Gottes. Öffnen Sie sich für die Energie des Kosmos und lassen Sie sie frei durch sich fließen.
- Schweben Sie so lange durch den Kosmos, bis Sie wieder zur Erde zurückkehren wollen.
- Schweben Sie langsam wieder herunter, bis Sie wieder das Gras unter den Füßen fühlen.
- Gehen Sie durch das Tor zurück und steigen Sie die vier Treppen hinunter.
- Konzentrieren Sie sich eine Weile auf Ihre Atmung, bis Sie sich bereit fühlen, sich wieder Ihrem Leben zuzuwenden.

Meditationen für bedingungslose Liebe

Die Kabbala lehrt uns zu erkennen, dass jeder von uns ein Abbild des Göttlichen ist, und wir die darin enthaltene Einheit und Heiligkeit erkennen sollten. Diese Meditationen helfen uns zu begreifen, dass jeder, der bedingungslos liebt, die Liebe und das Licht des Göttlichen erkennt, das in jeder Seele gegenwärtig ist.

Diese Meditation ist in Schritte unterteilt, die sie entweder alle auf einmal durchgehen können oder aus denen Sie auswählen können.

- Suchen Sie einen ruhigen Platz auf, setzten Sie sich bequem hin und entspannen Sie sich.
- Konzentrieren Sie sich auf Ihre Atmung. Atmen Sie tief ein und aus, Ihr Magen hebt und senkt sich dabei. Sie spüren, wenn Sie bereit sind, zu beginnen.

LERNEN, SICH SELBST ZU LIEBEN

- Halten Sie sich vor Augen, wie Sie gerade ruhig dasitzen, beginnen Sie, sich selbst bedingungslose Liebe zu senden. Halten Sie sich nicht bei früheren Fehlern auf – verbannen Sie Ihre Schuldgefühle, es ist Zeit für Sie, mit dem Rest Ihres Lebens fortzufahren.
- Sagen Sie zu sich selbst: »Ich werde geliebt, ich bin glücklich, ich bin mit allem in meinem Leben zufrieden.« Wiederholen Sie das so oft sie wollen. Es soll Sie daran erinnern, dass Sie eine göttliche Seele sind, die bedingungslose Liebe verdient. Spüren Sie, wie beim Atmen die Liebe wächst, wiederholen Sie die Worte, bis sie Ihr Herz erfüllen. Nehmen Sie sich Zeit, fühlen Sie, wie die Liebe Ihr Sein ganz erfüllt.

LIEBE AUSSENDEN AN DIE FAMILIE, AN FREUNDE UND BEKANNTE

• Stellen Sie sich nun Ihre Familie und Ihre Freunde so klar wie möglich vor und senden Sie ihnen die gleichen liebenden Gefühle. Viele Menschen haben mit Problemen zu kämpfen und sollen sich auch geliebt fühlen. Meditieren Sie über die Worte: »Du wirst geliebt, du bist glücklich, du bist mit deinem Leben zufrieden.« Die Energie dieser Worte hilft ihnen, ihre inneren Gefühle zu heilen und erzeugt ein Gefühl von Liebe, das sie aufrichtet.

LIEBE FÜR EINE SCHWIERIGE PERSON

• Konzentrieren Sie sich weiter auf Ihre Atmung, stellen Sie sich eine Person oder Leute vor, mit denen Sie ein Problem haben. Vielleicht hassen Sie sie sogar, meditieren sie nun darüber, dass trotz Ihrer Gefühle auch diese Personen Geschöpfe Gottes sind und bedingungslose Liebe verdienen.

• Sprechen Sie im Geist das Mantra, während Sie sich diese Person oder Gruppe vorstellen: »Du wirst geliebt, du bist glücklich, du bist mit deinem Leben zufrieden.« Sie werden sehen, dass es Ihnen hilft, Ihre Abneigung zu überwinden, wenn Sie ihnen helfen, ihre Schwierigkeiten zu meistern.

DER WELT LIEBE SENDEN

• Konzentrieren Sie sich weiter auf Ihre Atmung und lassen Sie die Energie der Liebe durch die ganze Welt strömen. Stellen Sie sich vor, dass Sie auf unseren Planeten herabblicken und spüren Sie, wie Ihr Gefühl bedingungsloser Liebe sich verbreitet.

• Wiederholen Sie Ihr Mantra: »Du wirst geliebt, du bist glücklich, du bist mit deinem Leben zufrieden.« Visualisieren Sie, dass sie mit jedem Atemzug sich selbst und die Welt mit bedingungsloser Liebe erfüllen.

• Meditieren Sie so lange Sie wollen, dann konzentrieren Sie sich auf Ihre Atmung und fühlen die göttliche Energie langsam aus Ihrem Körper abfließen. Wenn Sie fertig sind, stehen Sie auf.

Oben: *Aleph.*

Meditation für Selbstvertrauen

DIE KABBALA IST VOLL von Bezügen zu den mystischen Energien des Buchstaben Aleph, des ersten im hebräischen Alphabet, der daher den numerischen Wert eins hat. Er repräsentiert den einen ewigen Gott, dessen Energie unendlich und unmessbar ist. Die in diesem Buchstaben enthaltene Energie hilft Ihnen, mit der inneren Energie Ihres Ichs in Berührung zu kommen, die Ihr positives Selbstvertrauen stärkt und Ihnen erlaubt, Ihre Gaben der Einzigartigkeit und des Selbstwerts anzuzapfen.

Visualisieren Sie bei dieser Meditation entweder den Buchstaben Aleph oder legen Sie sich seine Darstellung zur Konzentration vor.

- Setzten Sie sich an einem ruhigen Ort in einen bequemen Stuhl, entspannen Sie sich.
- Stellen Sie die Füße auf den Boden, ziehen Sie wenn möglich die Schuhe aus.
- Schließen Sie die Augen, machen Sie sich Ihre Atmung bewusst. Sie atmen ein und zählen dabei bis vier, halten den Atem an und zählen bis vier, atmen aus und zählen dabei bis vier.
- Dann visualisieren Sie Aleph oder Sie öffnen die Augen und konzentrieren sich auf Aleph.
- Betrachten Sie seine Gestalt.
- Es gibt drei Teile: die obere Spitze, den unteren Punkt und die diagonale Verbindung.
- Konzentrieren Sie sich auf das obere Ende, es repräsentiert die Verbindung mit Ihrem höheren Selbst, dem *Nefesh Elokit*.
- Spüren Sie, wie Sie beim Atmen die Verbindung mit Ihrem höheren Selbst und mit Gott verstärken.
- Konzentrieren Sie sich nun auf die untere Spitze, sie bezieht sich auf Ihr erdverbundenes Selbst, das *Nefesh Behamit*.
- Atmen Sie bewusst und meditieren Sie darüber, wie diese beiden Teile in Ihnen koexistieren.
- Betrachten Sie nun die diagonale Verbindung, die die beiden im Gleichgewicht hält.
- Meditieren Sie darüber, wie das niedrigere Selbst, das das Ego repräsentiert, und das höhere Selbst, das Bescheidenheit und Selbstlosigkeit darstellt, sich verbinden und Ihr Selbstvertrauen stärken und Sie dabei lehren, dieses zu nutzen, um sich selbst besser zu verstehen und anderen zu helfen.
- Wenn Sie für ein Vorhaben Hilfe brauchen, ist es an der Zeit, jetzt darum zu bitten und für Antworten offen zu sein.
- Nehmen Sie sich die Zeit, sich einen Moment lang wirklich gut zu fühlen.
- Seien Sie für die Energien des Universums offen, wenn Sie erkennen wollen, was für eine wahrlich einzigartige Person Sie sind, die der Menschheit so viel zu bieten hat.
- Konzentrieren Sie sich dann wieder auf Ihre Atmung und »schließen« Sie bewusst ab.

Oben: *Der hebräische Buchstabe Hei.*

Meditation, wenn es schlecht geht

WENN DER BUCHSTABE Hei sanft ausgesprochen wird, klingt er wie der Atem. Die Kabbalisten sagen, dass es wichtig ist, sich auf den Atem zu konzentrieren, wenn man sich spirituell entwickeln will. Beim Meditieren führt uns unsere Atmung zu höheren Bewusstseinszuständen.

Kabbalistische Weise lehren uns, dass wir uns auf den gegenwärtigen Moment unseres Lebens konzentrieren müssen, um die Energie des Göttlichen voll und ganz erfahren zu können. Das mit Hei beginnende hebräische Wort *heenayni* bedeutet »Hier bin ich« oder »Ich bin präsent«.

Wenn es Ihnen schlecht geht, denken Sie an die Worte des Rabbi Nachman von Bratslava, der erklärte: »Unsere Welt besteht nur aus dem Tag und der Stunde, in der wir stehen. Morgen ist eine ganz andere Welt.«

- Setzten Sie sich an einem ruhigen Platz bequem hin und entspannen Sie sich.
- Konzentrieren Sie sich auf die Atmung. Atmen Sie ein, halten Sie den Atem an, atmen Sie aus, zählen Sie dabei jedes Mal bis vier.
- Konzentrieren Sie sich auf den Buchstaben Hei.
- Sprechen Sie ihn sanft aus und hören Sie dabei auf das Atemgeräusch.
- Meditieren Sie über diesen Klang.
- Denken Sie an das Wunder und die Schönheit des Atems – wie er uns das Wunder des Lebens gibt.
- Denken Sie daran, wie Gott allen von ihm geschaffenen Kreaturen Leben einhauchte.
- Lenken Sie Ihre Aufmerksamkeit wieder auf Hei und sein Entstehen.
- Stellen Sie sich als Ball vor, der zwischen den drei Teilen dieses Buchstabens herumwirbelt. Fühlen Sie sich darin sicher.
- Betrachten Sie den kleinen Spalt an der linken oberen Seite des Buchstabens.
- Egal wie schlecht das Leben zu sein scheint, das göttliche Licht wird Sie durch diesen Spalt erreichen und Ihnen Liebe und Leben geben.
- Meditieren Sie darüber, dass das Licht Gottes immer zu Ihnen gelangen wird, egal wie traurig und allein Sie sich fühlen – Sie sind nie allein – Gott ist immer für Sie da.
- Spüren Sie, wie die göttliche Energie durch Sie fließt und Ihnen die Kraft gibt, in Ihrem Leben weiterzugehen – morgen ist ein neuer Tag!
- Wenn Sie fertig sind, konzentrieren Sie sich wieder auf Ihre Atmung und kehren Sie in den Alltag zurück.

Meditationen mit dem Shema

DAS ALTE GEBET DES Shema drückt die grundlegende Lehre und das Ziel der Kabbala aus. Die Worte stammen aus der Tora (Deuteronomium 6,4), und die erste Zeile wird von vielen als der wichtigste und mächtigste Satz der Tora angesehen.

SHEMA YISRAEL, ADONAI ELOHEINU, ADONAI ECHAD

Höre Israel, der Herr unser Gott, der Herr ist eins

Unten: *Der hebräische Buchstabe Aleph.*
Oben rechts: *Beit.*

ES GIBT WENIG, DAS dem Shema als Meditationsfokus gleicht. Schon das Wort »*Shema*« fordert vom Leser ungeteilte Aufmerksamkeit für die in diesem einen Satz enthaltene Botschaft. Sie sagt uns, dass wir uns geistig öffnen sollen, um die Einheit mit Gott zu erfahren.

Das Shema spricht zu dem Suchenden geistigen Fortschritts mit der Anrede »Israel«, die in jedem präsent ist, der die physischen Grenzen transzendieren möchte. Das Shema befiehlt uns, zu hören und uns für die kosmische Botschaft Gottes zu öffnen. Damit wir das richtig tun, müssen wir uns entspannen und andere Gedanken völlig aus unserem Geist verbannen – und die einzige Möglichkeit, das wirklich zu erreichen, ist der Zustand der Meditation. Man kann lernen, in diese Worte einzutauchen, indem man lernt, ihre wahre Bedeutung zu »fühlen«.

Es ist am besten, wenn man sich den ersten Satz des Shema im hebräischen Original einprägt, denn ein bedeutender Teil seiner Macht liegt im Klang und im Gebrauch der Worte. Wie bei den folgenden Meditationen, sollte man es am besten im Geiste und aus dem Gedächtnis aufsagen.

Hier ist der komplette erste Teil des Shema zum Nachlesen und als Anhaltspunkt für Ihre Meditation. Das komplette Gebet findet sich in den meisten hebräischen Gebetsbüchern.

Shema Yisrael, Ado-nai Elo-heinu, Ado-nai Echad
(Höre Israel, der Herr unser Gott, der Herr ist eins)
Baruch sheim kavod mal-chuto li-olam va-ed.
(Gepriesen sei der Name seines glorreichen Königreichs für immer und immer.)
Vi-ahav-ta et Ado-nai Elo-hecha
(Du sollst den Herrn deinen Gott lieben)
Bi-chol li-vav-cha oo-vi-chol naf-shecha oo-vi-chol mi-odecha
(mit deinem ganzen Herzen mit deiner ganzen Seele und deiner ganzen Macht)
Vi-hayoo ha-dvarim ha-ele
(und diese Worte, die)
Asher ano-chi mi-tzavecha ha-yom al li-vavecha
(ich dir heute befehle, sollen in deinem Herzen sein,)
Vi-shee-nantam li-vanecha vi-dee barta bam
(Du sollst sie deinen Kindern einprägen und du sollst davon sprechen,)
Bi-sheev-techa bi-vey-techa oo-vi-lech-techa va-derech
(wenn du zu Hause sitzt und wenn du auf Reisen gehst,)
Oo-vi-shach-bicha oo-vi-koo-mecha
(wenn du dich niederlegst und wenn du aufstehst,)
Ook-shartam li-hiot al ya-decha
(und du sollst sie als Zeichen an deine Hand binden)
Vi-hayoo li-totafot bain ai-necha
(und sie sollen als Schmuck zwischen deinen Augen sein)
Ooch-tav-tam al mi-zoo-zot bai-techa
*(und du sollst sie an die Türpfosten deines Hauses schreiben)**
oo-vee sharecha.
(und über deine Tore.)

* siehe Mezuzah, Seite 59.

Oben: *Traditionell wird ein toter Vogel um eine Person geschwungen, um Sorge abzuwehren. Eine modernere Version ist das Schwingen von Münzen in einer Serviette.*
Unten: *Lamed.*

Shema-Meditation für Schutz

ALS LETZTES AM ABEND ÜBER das Shema zu meditieren, schützt Sie vor den Mächten des Bösen. Das klingt sehr altmodisch, aber wie ich in Kapitel 1 anklingen ließ, ist das heute noch genauso ein Thema wie vor tausenden Jahren.

Von Kindheit an wusste ich immer instinktiv um die Macht der Worte der ersten Zeile des Shema, und sagte diese erste Zeile (die einzige, die ich auswendig konnte) immer wieder im Geist auf, um mich vor unsichtbaren Kräften zu schützen und um aufzuhören, mich zu fürchten. Erst als ich begann, die Kabbala zu studieren und zu lehren, entdeckte ich, dass meine Intuition richtig gewesen war, und dass Kabbalisten immer schon die schützende Kraft der Worte des Shema gelehrt hatten.

Wie ich schon sagte, sind die uns heute eher vertrauten Kräfte des Bösen Eifersucht, Mobbing am Arbeitsplatz, psychische Attacken und böse Ausstrahlung, und ich bin sicher, dass Sie noch einiges zu dieser Liste hinzufügen können.

Ich empfehle den Leuten, die mich um Rat fragen, die erste Zeile des Shema zu lernen und zu verstehen, und sie vor dem Einschlafen stumm zu wiederholen. Oft fanden die Leute es noch hilfreicher, wenn die Worte zusätzlich niedergeschrieben und abends vor dem Schlafengehen unter das Kopfkissen gelegt wurden.

»Kabbalisten lehrten immer die schützende Kraft des Shema. Lernen und verstehen Sie die erste Zeile, und wiederholen Sie sie im Geiste, bevor Sie schlafen gehen. Die Worte können auch aufgeschrieben und unter das Kopfkissen gelegt werden.«

Shema-Meditation für Harmonie

Diese mächtige Meditation verbindet Sie mit der Welt Atzilut. Sie besteht aus drei Teilen: Der erste Teil öffnet Sie spirituell für Liebe, Ruhe und Harmonie, der zweite Teil befähigt Sie, diese Liebe, Harmonie und Ruhe an Ihre Familie und Freunde auszusenden, und der dritte Teil erlaubt Ihnen, diese Liebe, Ruhe und Harmonie an die ganze Welt zu senden.

Bevor sie mit dieser Meditation beginnen, sollten Sie sich den ersten Satz des Shema einprägen:

SHEMA YISRAEL, ADONAI ELOHEINU, ADONAI ECHAD

(Höre Israel, der Herr unser Gott ist eins)

TEIL 1

- Setzen Sie sich bequem an einen ruhigen Ort, schließen Sie die Augen und entspannen Sie sich.
- Stellen Sie die Füße flach auf den Boden, ziehen Sie wenn möglich die Schuhe aus.
- Konzentrieren Sie sich auf die Atmung. Atmen Sie ein, halten Sie den Atem an und atmen Sie aus, zählen sie jedes Mal bis vier.
- Wenn Sie Ihre Atmung unter Kontrolle haben, konzentrieren Sie sich auf Ihre Füße.
- Stellen Sie sich Wurzeln vor, die von Ihren Füßen tief in die Erde wachsen.
- Fühlen Sie die göttliche Energie durch diese Wurzeln und Ihre Füße in Ihren Körper fließen.
- Fühlen Sie, wie sie langsam durch Ihre Beine, Ihren Oberkörper und durch die Arme bis zu den Fingern vordringt. Beobachten Sie, wie sie von Ihren Fingerspitzen weiter fließt.
- Sie fließt auch durch den Nacken in Ihr Gesicht und zum Scheitel hinauf und hinaus.
- Stellen Sie sich vor, dass dieser Energiestrom voll Licht ist, das Sie mit der Energie Gottes verbindet. Sehen Sie diese Energie frei über Ihren Scheitel hinausfließen, bis hinauf zu den Sternen.
- Erkennen Sie sich nun selbst, Ihren Körper, Ihren Intellekt, Ihre Emotionen.
- Fühlen Sie sich in Einklang mit sich selbst.
- Genießen Sie das Gefühl, wenn Sie die Liebe, Harmonie und Ruhe Gottes einatmen.
- Spüren Sie, wie dieses wunderbare Gefühl in jeden Teil Ihres Seins eindringt.
- Sagen Sie nun im Geist siebenmal das Shema auf und ersetzten Sie dabei das Wort »Yisrael/Israel« durch Ihren eigenen Namen.

Von rechts nach links:
Die Buchstaben Tet, Yod und Kaph bedeuten »gut«, »Veränderung« und »Vorsatz«.

TEIL 2

- Visualisieren Sie nun Ihre Familie und Freunde, und senden Sie jedem von ihnen Ihre Gefühle von Liebe, Harmonie und Ruhe.
- Sagen Sie im Geist siebenmal das Shema auf, ersetzen Sie diesmal das Wort »Israel« durch *kehilati*/ »meine Gemeinschaft«.
- Visualisieren Sie, wie die Liebe und Harmonie Gottes jeden Einzelnen von ihnen erreicht und ihn mit göttlichem Licht umgibt.

TEIL 3

- Nun visualisieren Sie die ganze Menschheit, die verschiedenen Kulturen, Religionen und Altersgruppen, Gesunde und Kranke.
- Sehen Sie vor Ihrem geistigen Auge, wie sie die ganze Welt repräsentieren, die im göttlichen Licht badet.
- Sagen Sie nun im Geist siebenmal das Shema auf, und ersetzen Sie das Wort »Israel« durch *kol ha-olam*/»die ganze Welt«.
- Fühlen Sie nun, wie sich die göttliche Energie durch Sie emporschwingt und sich über das ganze Universum verteilt. Sehen Sie, wie jedes Jota der Schöpfung von der Größe und Einheit Gottes zeugt.
- Sagen Sie nun im Geist siebenmal das Shema auf, und ersetzen Sie das Wort »Israel« durch *kol ha-briyah*/»die ganze Schöpfung«.
- Lassen Sie Ihren Geist nun zum Shema in seinem normalen Wortlaut zurückkehren, konzentrieren Sie sich wieder auf Ihre Atmung.
- Fühlen Sie die göttliche Energie langsm wieder durch Ihren Körper in die Erde zurückfließen.
- Orientieren Sie sich für einen Moment und wenden Sie sich dann wieder dem Leben zu.

Meditation für friedliche Nachtruhe

Ich bin sicher, dass Sie morgens schon oft aufgewacht sind und in Ihrem Kopf brummte immer noch die Erinnerung an die letzten Gedanken des Vortags. Oft gehen die Leute zu Bett und denken dabei noch an ungelöste Probleme, in der Hoffnung, dass sie eine Lösung finden würden, wenn sie »darüber schlafen«. Das könnte einer der Gründe sein, warum in der jüdischen Tradition gemäß der Genesis 1,5: »Es war Abend und es war Morgen, ein Tag«, der Tag eigentlich mit dem Abend beginnt.

Kabbalistische Lehrer sagen, dass es wichtig ist, sich beim Einschlafen und Aufwachen der Gegenwart Gottes bewusst zu sein, man sollte deshalb das *Kriyat al ha-Mitah*-Ritual ausführen, das Lesen des Shema über dem Bett.

Die folgende mächtige Meditation basiert auf dem Lesen des Shema, sie ist eine Ergänzung des *Kriyat al ha-Mitah*. Sie stimmt uns auf die Energie der Welt Assiya ein.

Es ist wichtig, sich physisch und psychisch vorzubereiten, bevor man eine Meditation beginnt, die eine entspannende und angenehme Nachtruhe sichern soll. Bereiten Sie sich kurz emotional vor, lassen Sie den Stress aus Ihrem Geist und Körper fließen und fangen Sie an, sich innerlich ruhig und positiv zu fühlen. Wenn Sie tagsüber Streit mit Ihrem Partner oder Geliebten hatten, versuchen Sie immer, diesen Konflikt vor dem Schlafengehen zu lösen – nichts sollte Ihre Gedanken an Kommunikation mit Gott und dem Kosmos stören.

• Legen Sie sich ins Bett, schließen Sie die Augen, konzentrieren Sie sich auf die Atmung. Atmen Sie ein, zählen Sie dabei bis vier, halten Sie den Atem an, zählen Sie bis vier, atmen Sie aus und zählen Sie dabei bis vier.

• Sie fühlen, wie sich Ihr Körper entspannt und wie sich der Energiestrom, der sich wie Wärme oder leichtes Prickeln anfühlt, von Ihren Fußsohlen durch die Beine, Unterkörper, Brust und Fingerspitzen durch Kehle und Kopf und durch Ihren Scheitel ausbreitet.

• Bei Verspannungen und Blockaden leiten Sie die Energie hin, um sie aufzulösen.

• Wenn Sie spüren, dass Ihr ganzer Körper von göttlicher Energie erfüllt ist, wenden Sie Ihre Gedanken Gott und den spirituellen Welten zu, und bitten Sie um Frieden und Harmonie beim Schlafen und beim Aufwachen.

• Erkennen Sie, dass Gott immer mit Ihnen ist, wenn Sie gehen und wenn Sie schlafen. Spüren Sie die göttliche Energie in jedem Teil Ihres Körpers.

• Sprechen Sie laut das Shema:

SHEMA YISRAEL, ADONAI ELOHEINU, ADONAI ECHAD

(Höre Israel, der Herr unser Gott, der Herr ist eins)

• Erkennen Sie nun die Gegenwart der vier Engel, der Metaphern für die göttliche Macht, die Sie beim Schlafen beschützt:

Über Ihrem Kopf
Erkennen Sie Shekhinah, die vereinte Präsenz Gottes, die diese vier Aspekte verkörpert.

Zu Ihrer Linken
Fühlen Sie die Gegenwart Gabriels, der Gevurah darstellt.
Spüren Sie die göttliche Kraft, die Sie vor Sorgen und Ängsten schützt.

Vor sich
Fühlen Sie die Gegenwart Uriels, der Hod repräsentiert.
Spüren Sie, wie das göttliche Licht Ihre Seele mit Weisheit erfüllt.

Hinter sich
Fühlen Sie die Gegenwart Raphaels, der Netzah repräsentiert.
Spüren Sie, wie die göttliche Heilung Ihnen Mut gibt, emotionale, spirituelle und physische Nöte zu überstehen.

Zu Ihrer Rechten
Fühlen Sie die Gegenwart Michaels, der Hessed repräsentiert, Sie mit bedingungsloser Liebe umgibt und Ihre Fehler vergibt.

• Wiederholen Sie diese Meditation so oft sie wollen, bis Sie in friedlichen Schlummer fallen.

Kabbala und Träume

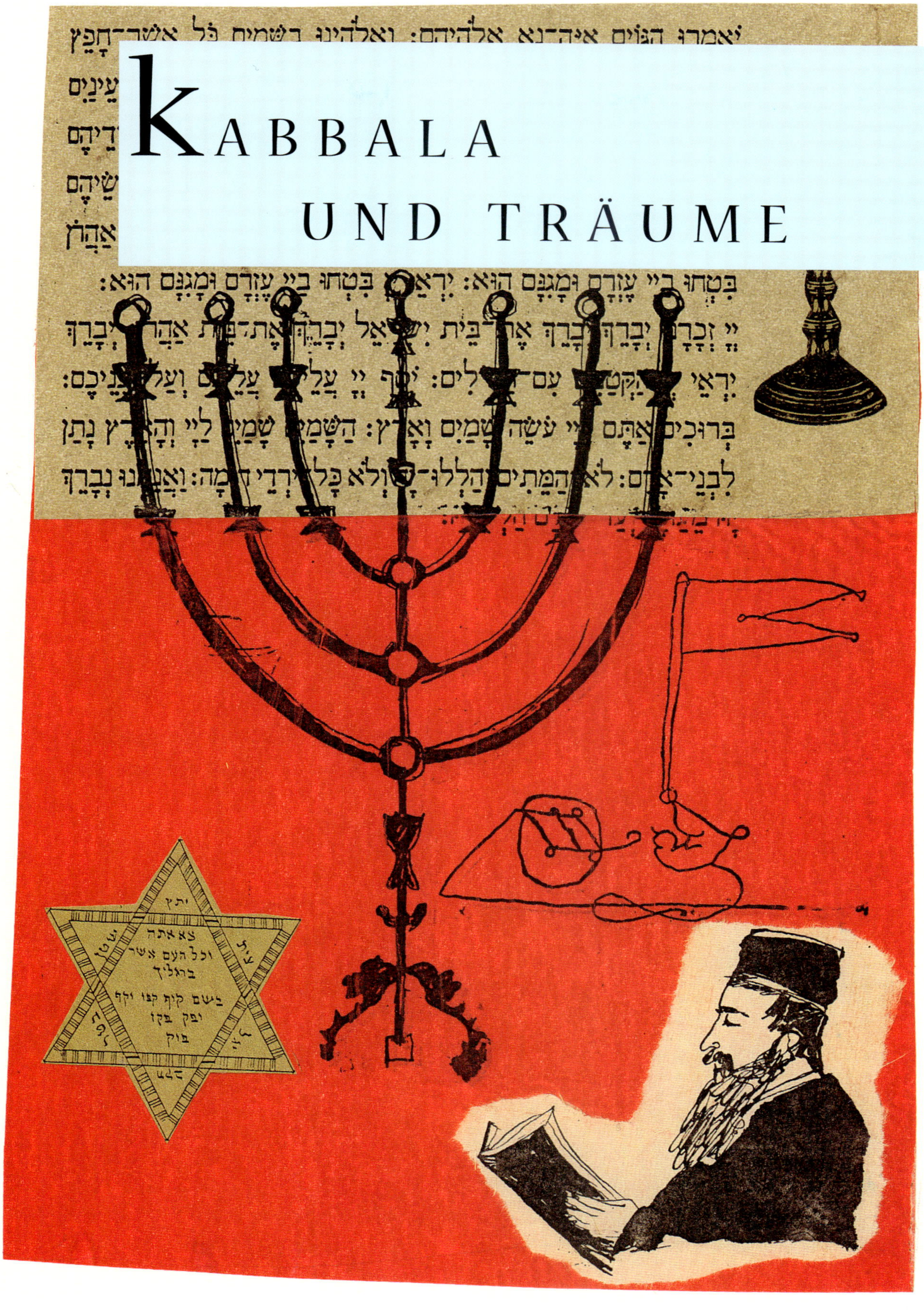

KABBALA UND TRÄUME

TRÄUME SIND DER Spiegel der Seele und enthalten oft wichtige Botschaften. In der Kabbala werden Träume als Kommunikationskanäle mit den spirituellen Reichen aufgefasst.

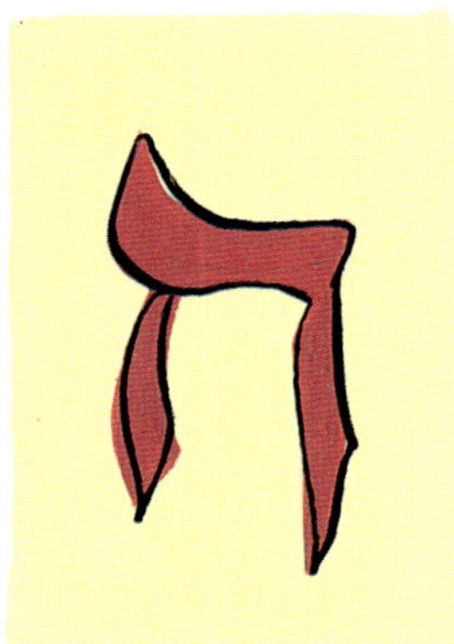

TRÄUME

In einem guten Traum ist die Freude so, dass sie mich (obwohl ich blind bin) sehend macht.

RABBI JOSEPH

Im Geheimnis des Traums gibt es Schicht um Schicht. Alles im Geheimnis ist Weisheit. Komm und sieh: Der Traum ist eine Schicht, die Vision ist eine, die Prophezeiung ist eine. Sie alle sind Schichten, eine über der anderen.

ZOHAR

Oben: *Chet ist der erste Buchstabe des Worts »chalom« – Traum.*

TRÄUME KÖNNEN einerseits in unser menschliches Bewusstsein dringen und durch die göttliche Gesandte wichtige Botschaften verkünden, andererseits können Träume auch durch verschiedene Techniken bewusst ausgelöst werden. Man braucht nur in die Bibel zu schauen, um zu sehen, dass Träume einer der grundlegenden spirituellen Aspekte der Mystik innerhalb der Kabbala sind.

In den Erzählungen von den Träumen Josephs in der Bibel sieht man, dass Träume als Warnungen und Vorhersage der Zukunft voll akzeptiert

werden. Wir sehen aber auch, dass Träume, wenn sie auch teilweise in Erfüllung gehen, doch Elemente enthalten, die nicht wahr sind und nicht zur Traumbotschaft gehören. In der Genesis 37, 9–10, als Joseph sich an den Traum erinnert, in dem Sonne und Mond sich vor ihm beugen, »und sein Vater zu ihm sagt ›Sollen deine Mutter und ich wirklich kommen?‹«, sollte man wissen, dass seine Mutter bereits tot war.

In diesem Sinn meinten die frühen Kabbalisten auch, dass man sich Zeit nehmen muss, die Fakten in einem Traum von anderen Inhalten auseinander zu halten: »So wie das Korn nicht ohne Stroh sein kann, so gibt es keinen Traum ohne bedeutungslose Stoffe« (*Talmud*, Berachot 55a).

Gemäß der Kabbala existiert Zeit nicht auf der Ebene des Unterbewusstseins. Vergangenheit, Gegenwart und Zukunft sind gleichzeitig. Ein Träumender kann das, was wir der Einfachheit halber die Zeitlinie nennen, an jeder Stelle überschreiten. Deshalb können wir manchmal im Traum auch »in die Zukunft« sehen, eigentlich aber haben wir nur die Zeitlinie an einem entfernteren Punkt überschritten.

Traumdeutung ist ein fundamentaler Aspekt des kabbalistischen Glaubens. Die wichtigste biblische Gestalt, die – als Träumender und Traumdeuter – mit Träumen zu tun hat, ist Joseph. Davon spricht die Genesis 41, 13: »Jeder Traum wurde so wahr, wie er uns gedeutet wurde.« Die Torah sagt, dass einer, der Träume deuten kann, ein wahrer Seelenheiler ist – und wenn die Seele gesund ist, dann ist es auch der Körper. Weiter heißt es, dass Joseph, wenn er einen Traum hört, um ihn zu deuten, das Licht der inneren seelischen Dimension dessen, der ihm den Traum erzählt, erfasst und so weiß, wie er den Traum zu deuten hat.

Rabbi Birayim, der den älteren Rabbi Banaah zitiert, sagte: »In Jerusalem gab es vierundzwanzig Traumdeuter. Einst hatte ich einen Traum und ging zu jedem von ihnen. Keiner war mit den anderen in der Deutung des Traums einig, und doch gingen alle Deutungen in Erfüllung, so wie man sagt: ›Alle Träume folgen den Worten.‹«

Mein Vater war überzeugt, dass Traumbotschaften Warnungen sein konnten. Er hatte ein gut gehendes Süßwarengeschäft im Londoner West End. Manchmal träumte er, dass Angestellte Zigaretten stahlen, und am nächsten Tag gelang es ihm zielsicher, sie mit den gestohlenen Zigaretten in der Tasche zu erwischen. Das war sein persönliches Alarmsystem.

Rabbi Hisda sagte: »In jedem Traum steckt Realität, außer während des Fastens. Ein nicht gedeuteter Traum ist wie ein ungelesener Brief. Weder

Unten: *Zayzin erinnert an die Gefühlsbetontheit und an die Notwendigkeit, das Alltägliche zu transzendieren.*

ein guter noch ein böser Traum geht ganz in Erfüllung. Die Traurigkeit über einen bösen Traum und die Freude über einen guten genügen sich selbst. Ein böser Traum ist schlimmer, als geschlagen zu werden.«

Rabbi Yochanan sagte: »Drei Arten von Träumen gehen in Erfüllung: ein Morgentraum, der Traum über einen Freund und ein Traum, der in einem Traum gedeutet wird. Manche sagen: Auch ein Traum, der sich wiederholt.«

Die Kabbala sagt, dass ein Traum, den man am Sabbat träumt, nicht vor 12 Uhr Mittag des folgenden Tages (Samstag) wiedergegeben werden sollte, weil er sich sonst erfüllen könnte.

»Ein Traum ist ein Sechzigstel einer Prophezeiung.«
»Die unreife Frucht der Prophezeiung ist ein Traum.«

Midrash, Genesis Rabbah 17, 5

Rabbiner haben lange akzeptiert, dass Träume eine Art Prophezeiung sein können, aber es gibt keinen Grund zu Panik, da drohendes Unheil durch Gebete abgewendet werden kann. Nach einem bösen Traum kann man fasten, sogar am Sabbat, damit der Traum zunichte gemacht wird. Diese Praxis des Fastens wird *Traumfasten* genannt, bei den älteren Kabbalisten hieß sie auf Hebräisch *ta'anit chalom*. Sie ist ein Aufruf zum Fasten und zu Selbstreflexion nach einem beängstigenden Traum.

»Fasten ist gegen einen Traum so mächtig wie Feuer gegen Werg [Hanffasern].«

Talmud, Shabbat 11a

Träume zeigen den inneren Zustand eines Menschen, und ihre Bedeutung kommt immer entsprechend ihrer Deutung ans Licht.

Die Gelehrten sagten im Namen von Rabbi Yochanan: »Wer einen Traum hat, und sich deswegen Sorgen macht, sollte ihm vor drei Zeugen eine gute

Deutung geben lassen. Er sollte drei Freunde mitbringen und zu ihnen sagen: ›Er ist gut, er möge gut sein. Möge Er, der überall ist, ihn zum Guten wenden. Siebenmal soll vom Himmel verfügt werden, dass er gut sein soll. Dann wird er gut sein.‹«

Wenn Sie also durch einen Traum verstört sind, sollten Sie am nächsten Morgen vor drei guten Freunden das folgende Ritual ausführen. Die aufrichtigen Wünsche dieser drei können eine günstige Deutung des Traums bewirken. Der Träumende muss seinen Freunden nicht unbedingt den Traum erzählen, er muss ihn aber während des Rituals im Sinn haben.

Oben: *Sagen Sie das Gebet mit drei Freunden auf, um schlechte Gefühle nach bösen Träumen zu bannen.*

Unten: *Pei (unten) symbolisiert Hören, Ayin (oben) das Sehen. Über das Geträumte zu sprechen, ist Teil der Kabbala.*

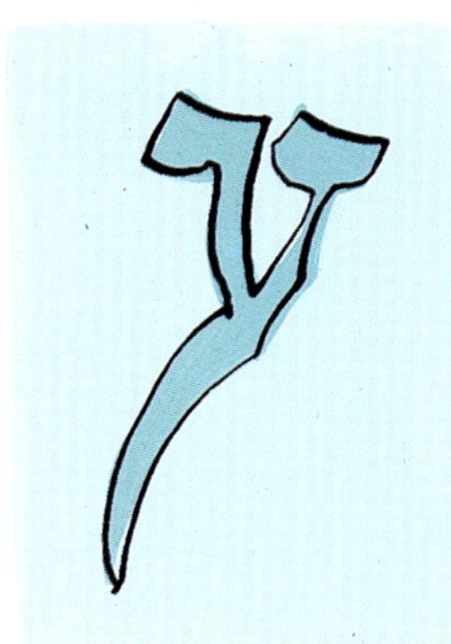

Gebet um Verbesserung eines Traums

DIESES RITUAL TAUCHT mit geringen Abweichungen in mehreren *Siddurim* (Gebetbüchern) auf. Der hier abgedruckte Text und die Instruktionen stammen aus dem *Siddur Otzar HaTefillot*.

DIE FETT GEDRUCKTEN PASSAGEN werden vom Träumenden rezitiert, die kursiv gedruckten unisono von den drei Freunden.

Ist die Deutung nicht Sache Gottes? Erzähle es mir, wenn du willst.

Sagen Sie siebenmal: **Ich sah einen guten Traum.**

Du sahst einen guten Traum. Er ist gut und er soll gut werden. Möge der Gnädige ihn in Gutes verwandeln. Möge siebenmal vom Himmel verfügt werden, dass er gut war und gut sein wird. Er ist gut und möge gut werden.

Es folgen Verse von der Verwandlung von Kummer in Trost.

Ihr habt meine Klage in Tanz verwandelt; ihr habt mir mein Sackleinen abgenommen und mich mit Freude gegürtet.

Dann sollen die Mädchen sich im Tanz erfreuen, und Jung und Alt zusammen; und ich werde ihr Leid in Freude verwandeln, ich werde sie trösten und ihren Kummer erfreuen. Adonai, dein Gott, wünschte Balaam nicht zu beachten, und Adonai, dein Gott, verwandelte für dich den Fluch in Segen,

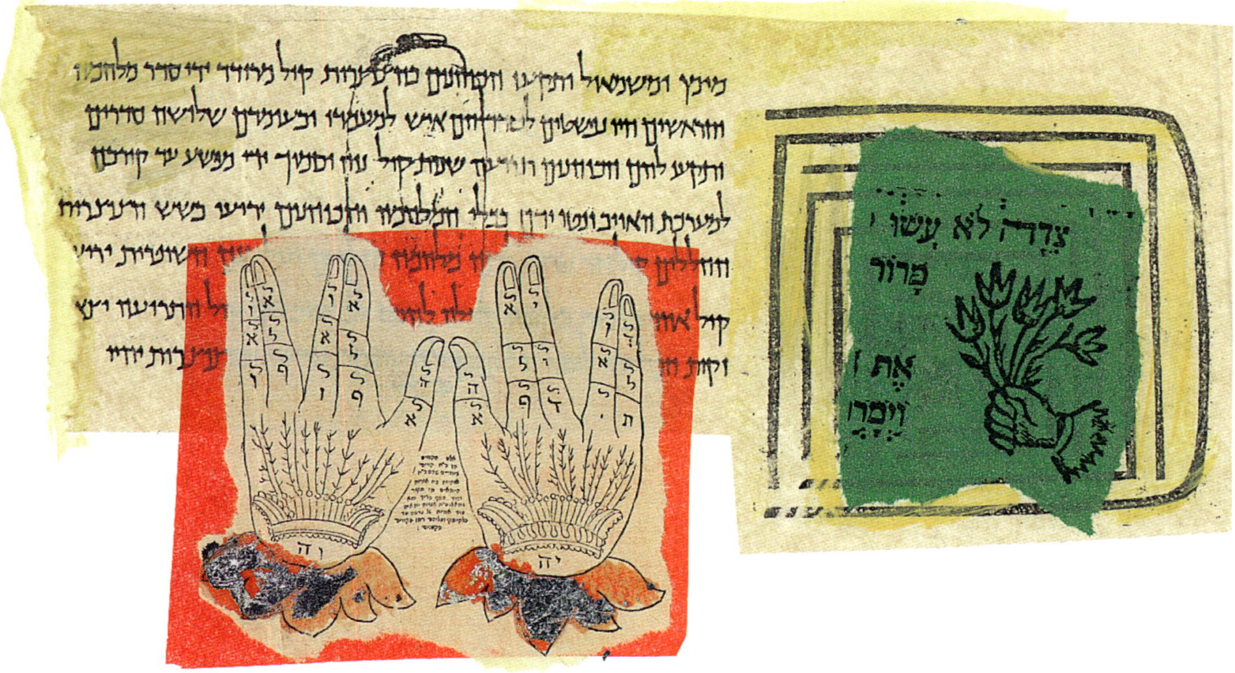

Oben: *Hände mit kabbalistischen Symbolen.*
Unten: *Der Buchstabe Samekh.*

denn Adonai, dein Gott, liebt dich.

Die folgenden Verse handeln von Errettung.

Er erlöste meine Seele in Frieden von den Kämpfen, die auf mir waren, denen zuliebe, die mit mir waren.

Und das Volk sagte zu Saul: »Soll Jonathan sterben, der so großes Heil über Israel brachte? Ein Frevel!« – da Adonai lebt, wenn ein Haar seines Haupts zu Boden fällt, denn mit Adonai handelte er heute! »Und das Volk befreite Jonathan, und er starb nicht. Die von Gott Erlösten werden nach Zion zurückkehren mit frohem Gesang und ewiger Freude über ihren Häuptern; Freude und Fröhlichkeit sollen sie erlangen und Sorge und Ächzen sollen fliehen.«

Die folgenden Verse handeln vom Frieden

Ich bringe die Frucht der Lippen hervor: »Friede, Friede für fern und nah«, sagt Adonai, »und ich werde ihn heilen.«

Ein Geist umhüllte Amasai, den obersten Heerführer, »Um deinetwillen, David, und um mit dir zu sein, Sohn Jesses; Friede sei mit dir und Friede mit ihm, der dir hilft, denn dein Gott half dir.« David nahm sie an und ernannte sie zu Anführern. Und du sollst sagen: »So soll es sein, so lange du lebst; Friede sei mit dir; Friede deinem Haus und allen, die bei dir sind. Adonai wird seinem Volk Macht geben, Adonai wird sein Volk mit Frieden segnen.«

Die folgenden Verse werden je dreimal rezitiert:

Adonai, ich hörte, was du mich hören machtest, und ich erschrak.

Adonai, gib ihm Leben in diesen Jahren, Adonai, mache es bekannt in diesen Jahren: Im Zorn gedenke gnädig zu sein.

Ein Gesang zu den Höhen, ich erhebe meine Augen zu den Bergen: Woher wird meine Hilfe kommen? Meine Hilfe kommt von Adonai,

dem Erschaffer von Himmel und Erde.
Er wird deinem Fuß nicht erlauben zu wanken, dein Wächter wird nicht schlummern. Siehe, er schlummert und schläft nie – der Wächter Israels. Adonai ist dein Wächter; Adonai ist dein Schatten und deine rechte Hand. Am Tag wird dir die Sonne nicht schaden und in der Nacht nicht der Mond. Adonai wird dich vor allem Bösen beschützen; er wird deine Seele bewachen. Adonai wird deine Abreise und Ankunft bewachen, jetzt und für immer.
Adonai sprach zu Moses: Sprich zu Aaron und seinen Söhnen: So sollst du die Kinder Israels segnen und sagen:
Adonai möge euch segnen und beschützen. Er möge sein Antlitz für euch erleuchten und euch gnädig sein. Adonai möge euch sein Antlitz zuwenden und euch Frieden bringen. Lasst sie meinen Namen über die Kinder Israels setzen, und ich werde sie segnen.
Mögest du mir den Pfad des Lebens offenbaren.
Die Fülle der Freuden in deiner Gegenwart; da ist Wonne zu deiner Rechten in Ewigkeit.
Rezitieren Sie einmal: *Geh mit Freude, iss dein Brot und trinke deinen Wein mit frohem Herzen, denn Gott hat deine Taten schon gebilligt. Und Reue, Gebet und Mildtätigkeit nehmen das Böse der Ratschlüsse weg. Und Friede sei über uns und über ganz Israel. Amen.*

Es galt als schlechtes Zeichen, wenn jemand sieben Tage lang keinen Traum hatte. Rabbi Ze'era sagte: »Ein Mann, der sieben Tage ohne Traum ist, wird böse genannt, denn die Schrift sagt: ›Wer einen hat, soll nicht vom Bösen heimgesucht werden.‹« Es galt auch als schlecht, zu träumen, ein Geschenk von einem Verstorbenen zu erhalten.

In ihren Träumen machten die Kabbalisten Reisen, und einige Mystiker wollen sogar Antworten auf ihre Fragen bekommen haben, die sie Gott gestellt hatten. Durch die Kabbala lernen wir, dass Gott uns durch Träume erreicht, uns Führung bringt und dabei unseren Geist nährt und erfrischt. Wir müssen uns unseren Träumen ehrlich stellen, statt sie zu ignorieren, wir sollten den in unseren Träumen enthaltenen Botschaften Beachtung schenken und erkennen, dass sie eine Warnung sein können, die uns zu einem bestimmten Verhalten veranlassen sollte.

Die Technik der »Traumfragen« stammt aus einem vernachlässigten Bereich der Kabbala, dem *She'elot chalom*, wobei Fragen vor dem Schlafengehen formuliert wurden, deren Antworten man sich vom Traum erwartete. Oft nahmen die Antworten die Form biblischer Verse an, die etwas mit der Frage zu tun hatten, die nun gedeutet werden musste. In alten kabbalistischen Schriften gibt es viele Beispiele für *She'elot chalom*.

Rabbi Chaim Vital empfahl. »Lege dich schlafen und bete: ›Dein Wille geschehe‹, und verwende eine der Aussprachen der [göttlichen] Namen, die vor dir geschrieben stehen, und lenke deine Gedanken zu den damit ver-

Oben: *Weinen soll einen Trancezustand herbeiführen, in dem man Visionen hat.*

bundenen mystischen Sphären. Führe dann deine Frage an, um etwas über deinen Traum und über die Zukunft in Erfahrung zu bringen, oder um das zu erreichen, was du willst, dann stelle die Frage.«

Die folgende kabbalistische Übung kann durchgeführt werden, wenn man nach Antwort auf ein Problem oder nach persönlicher Führung sucht. Schreiben Sie Ihre Frage auf, bevor Sie zu Bett gehen, und meditieren Sie kurz darüber, legen Sie sie dann unter Ihr Kissen. Bitten Sie um Antwort im Traum. Es wird stets ein klarer Traum folgen, der Ihnen eine hilfreiche Antwort geben wird. Diese Methode wird in vielen Kulturen auf der ganzen Welt praktiziert und oft als *Trauminkubation* bezeichnet.

Eine andere, Träume betreffende kabbalistische Methode ist das *mystische Weinen*. Die Theorie dahinter ist die, dass man durch selbst induziertes Weinen ein paranormales Bewusstseinszustand oder Visionen mit bedeutenden Informationen erzielen kann. Auch in der apokalyptischen Literatur gibt es viele Beispiele wie durch Beten, Fasten und Weinen das Wort Gottes in einen Traum hereingeholt wird.

Aus derselben kabbalistischen Denkschule stammt auch die Methode der *Farb-Visualisierung,* um in einem traumähnlichen Zustand Antworten auf Fragen zu erhalten. Kabbalisten visualisieren verschiedene Farben, auf die bestimmte Buchstaben geschrieben sind:

Und Sie sollten sich in Gedanken vorstellen, dass Sie Ihre Frage an die hier aufgeschriebenen Buchstabenkombinationen stellen, und dass diese Ihre Frage beantworten werden, oder ihren Geist in Ihren Mund legen werden, oder dass Sie schläfrig werden, und sie Ihnen wie in einem Traum antworten werden.

Professor Moshe Idel

Diese Traumtechniken – Traumfragen, Farb-Visualisierungen, mystisches Weinen – sind ein bedeutender Aspekt der Kabbala. Sie bestärken den Glauben, dass Kabbalisten bei der Kontaktaufnahme mit den spirituellen Reichen die Initiative ergreifen können, und dass durch diese Methoden spezielle Erfahrungen gemacht werden können.

Wahrsagerei und okkulte Kabbala

WAHRSAGEREI UND OKKULTE KABBALA

WAHRSAGEREI

WAHRSAGEREI IST EIN BEGRIFF, der eine Reihe von Methoden der Vorhersage der Zukunft abdeckt. Obwohl die Rabbiner die Wahrsagerei missbilligen, muss man sich fragen, ob der Unterschied zwischen spontanen Weissagungen der Propheten und denen besonders begabter Seelen so groß ist.

DAS PRIMÄRE ZIEL der Kabbala ist das Erlangen von Spiritualität und das Leben mit all unseren sechs Sinnen. Mit unserem Verständnis dieser ausgedehnten Welt können wir beginnen, die Wunder psychischer Phänomene zu begreifen. Mit zunehmendem Verständnis für die in der Kabbala enthaltenen mystischen Lehren beginnen wir auch zu würdgen, dass es in den unbewussten Ebenen vieles gibt, das wir nicht verstehen können – es ist jenseits von Logik und Vernunft. Wir sollten daher auch anerkennen, dass es einige begabte Menschen gibt, die sich auf die unbewussten Ebenen unserer Existenz einstimmen können, die mithilfe von Karten, Sterndeuten, Handlesen und Kristallkugeln in die Zukunft sehen können.

Das in der Kabbala aufrechterhaltene Grundprinzip hinter der Wahrsagerei ist, dass Zeit sowohl eine Dimension als auch Ausdruck des Geistes ist.

Vergangenheit, Gegenwart und Zukunft sind gleichzeitig und können von den dafür Begabten jederzeit gesehen werden. Es entspricht den Lehren der Kabbala, dass alles, was jemals irgendwo geschieht, Einfluss auf andere Punkte der Zeitlinie hat, in der Zukunft oder in der Vergangenheit.

Um das besser zu verstehn, stellen Sie sich ein Buch vor, blättern Sie es durch, am Anfang, in der Mitte, am Ende. Sie können es an jeder beliebigen Stelle öffnen und den Inhalt ansehen – genauso ist es mit dem Leben. Dieses Beispiel zeigt uns, dass Vergangenheit, Gegenwart und Zukunft in unbewussten Ebenen eingesehen werden können. Wahrsagerei ist der Schlüssel zu diesen unbewussten Ebenen.

Unten: *Der Buchstabe Tav.*
Gegenüber (oben): *Nun.*
Gegenüber (unten): *Mem.*

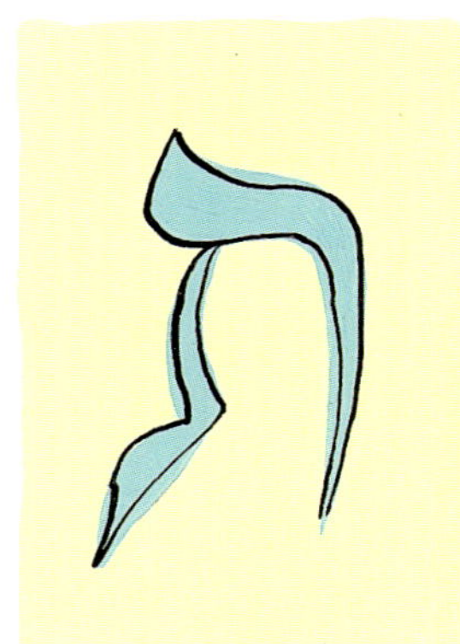

Kabbala und Tarot

TAROT IST EINE der bekanntesten Methoden der Wahrsagerei. Sie verwendet Symbole, um die in unserem Unterbewusstsein verborgenen Bedeutungen aufzuspüren. Die Aufmachung der Tarotkarten kann als symbolische Darstellung der Kabbala gesehen werden. Jedes Deck besteht aus achtundsiebzig Karten, unterteilt in zwei Gruppen, die Große und die Kleine Arkana. Im 19. Jahrhundert unterstrich der französische Rosenkreuzer und Kabbalist Eliphas Levi den Zusammenhang zwischen den zweiundzwanzig Buchstaben des hebräischen Alphabets und den zweiundzwanzig Karten der Großen Arkana. Somit kann man sie auch in Verbindung mit den zweiundzwanzig Pfaden des Lebensbaums bringen und mit den Stufen der Evolution. Es gibt keinen Hinweis auf Verbindungen zwischen Lebensbaum und Tarot vor dem späten 18. Jahrhundert.

Folgende Verbindungen werden von der Goldenen Dämmerung beschrieben:

Die Große Arkana und die zweiundzwanzig Pfade

Oben: *Der Buchstabe Aleph steht in Beziehung zum »Narren« der Großen Arkana des Tarots.*

Wie man der unten stehenden Tabelle entnehmen kann, bilden die zweiundzwanzig Karten der Großen Arkana die zweiundzwanzig Verbindungspfade der Kleinen Arkana. Jeder Pfad symbolisiert die Interaktion der beiden Saphirot, die er verbindet.

Die Große Arkana besteht aus sehr mächtigen Bildern mit dreifachem Aspekt: symbolisch, numerisch (und alphabetisch) und astrologisch. Jeder hebräische Buchstabe entspricht auch einer Zahl.

Kabbala und die Große Arkana

BUCHSTABE	PFAD	KARTE	TRUMPF	ASTROLOGISCHES TAROT
1. ALEPH	11	DER NARR	0	URANUS
2. BEIT	12	DER MAGIER	1	MERKUR
3. GIMEL	13	DIE HOHEPRIESTERIN	2	MOND
4. DALED	14	DIE HERRSCHERIN	3	VENUS
5. HEI	15	DER HERRSCHER	4	MARS
6. VOV	16	DER HOHEPRIESTER	5	VENUS
7. ZAYIN	17	DIE LIEBENDEN	6	MERKUR
8. CHET	18	DER WAGEN	7	MOND
9. TET	19	DIE KRAFT	8	SONNE
10. YOD	20	DER EREMIT	9	MERKUR
11. KAPH	21	DAS SCHICKSALSRAD	10	JUPITER
12. LAMED	22	DIE GERECHTIGKEIT	11	VENUS
13. MEM	23	DER GEHÄNGTE	12	NEPTUN
14. NUN	24	DER TOD	13	MARS
15. SAMEKH	25	DIE MÄßIGKEIT	14	JUPITER
16. AYIN	26	DER TEUFEL	15	SATURN
17. PEI	27	DER TURM	16	MARS
18. TZADDI	28	DER STERN	17	URANUS/SATURN
19. KUF	29	DER MOND	18	MOND
20. RESH	30	DIE SONNE	19	SONNE
21. SHIN	31	DAS GERICHT	20	PLUTO
22. TAV	32	DIE WELT	21	SATURN

BEDEUTUNG	ELEMENT	PFADFARBE – KÖNIGINNENSKALA
BESESSENHEIT	LUFT	HIMMELBLAU
KREATIVITÄT	LUFT	PURPURROT
WEISHEIT	WASSER	SILBER
LEISTUNG	ERDE	MITTELBLAU
AUTORITÄT	FEUER	HELLBLAU
FREUNDLICHKEIT	ERDE	INDIGOBLAU
LIEBE/HARMONIE	LUFT	MAUVE
ENTSCHEIDUNG/NOT	WASSER	KASTANIENBRAUN
MUT/ÜBERZEUGUNG	LUFT	DUNKLES PURPUR
KLUGHEIT	LUFT	SCHIEFERGRAU
SCHICKSAL	WASSER	DUNKELBLAU
FAIRNESS/BALANCE	LUFT	BLAU
INTUITION/ÜBERGANG	WASSER	MEERESGRÜN
PLÖTZLICHER WECHSEL	FEUER	BRAUN
GEDULD	FEUER	GELB
KNECHTSCHAFT	ERDE	SCHWARZ
CHAOS	FEUER	HELLROT
HOFFNUNG	LUFT	ROT
VERBORGENE PROBLEME	WASSER	LEDERBRAUN
GLÜCK/ERFOLG	LUFT/FEUER	GOLDGELB
ERNEUERUNG	FEUER	ZINNOBERROT
GROSSER ERFOLG	ERDE	SCHWARZ

Die Große Arkana und der Lebensbaum

0 Narr; I Magier; II Hohepriesterin; III Herrscherin; IV Herrscher; V Hohepriester; VI Die Liebenden; VII Wagen; VIII Kraft; IX Eremit; X Schicksalsrad; XI Gerechtigkeit; XII Der Gehängte; XIII Tod; XIV Mäßigkeit; XV Teufel; XVI Turm; XVII Stern; XVIII Mond; XIX Sonne; XX Gericht; XXI Welt.

Oben: *Der Buchstabe Resh ist mit der Karte »Die Sonne« der Großen Arkana des Tarotdecks verbunden.*

SEIT ALTERS HER wissen Studierende, dass es leichter ist, große Mengen an Wissen zu erwerben und zu behalten, die mit Bildern verbunden sind, und nicht nur mit Zahlen oder Worten. Diesem Prinzip folgen auch die Bilder der Tarotkarten. Erfahrene Tarotleser können starke Gedächtnisbrücken zwischen den Konzepten der Großen Arkana und den Buchstaben und Pfaden des Lebensbaums herstellen.

Die folgenden mit den zehn Sephirot des Lebensbaum verbundenen Bilder können beim Tarotlegen nützlich sein. Diese Bilder kann man in vielen frühen künstlerischen Abbildungen des Lebensbaums sehen, sie werden von den Anhängern der westlichen mystischen Tradition der kabbalistischen Lehre verwendet.

KETER	BÄRTIGER MANN IM PROFIL, GESICHT IM PROFIL
HOKHMAH	BÄRTIGER MANN, GESICHT VON VORNE
BINAH	REIFE FRAU AUF DEM THRON
HESSED	MÄCHTIGER KÖNIG
GEVURAH	MÄCHTIGER KRIEGER, KRIEGERKÖNIGIN
TIFERET	KÖNIG, KIND, ANGEBETETER GOTT
NETZAH	SCHÖNE NACKTE FRAU
HOD	GEFLÜGELTER MERKUR, HERMES ODER HERMAPHRODIT
YESOD	STARKER UND KRÄFTIGER MANN
MALKHUT	JUNGE FRAU AUF EINEM THRON, PRÄCHTIGE BRAUT

Die Kleine Arkana und die Sephirot

DIE ZEHN NUMMERIERTEN Karten in jeder der vier Serien der Kleinen Arkana entsprechen den zehn Sephirot. Jede Fünf entspricht zum Beispiel dem fünften Sephirot, Gevurah. Genau wie die Sephirot folgen auch die Zahlenkarten einer Sequenz vom ersten Punkt der Schöpfung im ersten Sephirah (Keter) bis zu Vollendung im zehnten (Malkhut), von den Einsen oder Assen zur Zehn.

Wie wir sehen, betrachten die Kabbalisten den Lebensbaum in seiner Entfaltung durch die Vier Welten Atzilut, Beriya, Yetzira und Assiya. Im Tarot entspricht jede der vier Serien der Kleinen Arkana einer der Vier Welten. Die folgende Tabelle stellt sie mit den dazugehörigen Elementen vereinfacht dar:

TAROTSERIE	ELEMENT	KABBALISTISCHE WELT
MÜNZEN	ERDE	ASSIYA (MANIFESTE WELT)
SCHWERTER	LUFT	YETZIRA (GESTALTENDE WELT)
KELCHE	WASSER	BERIYA (KREATIVE WELT)
STÄBE	FEUER	ATZILUT (ARCHETYPISCHE WELT)

Eliphas Levy verband die vier Serien der Kleinen Arkana auch mit den Buchstaben, die den unaussprechlichen Namen Gottes bilden, mit dem so genannten Tetragramm, dargestellt als **YHVH:**

Y	**STÄBE**	**FEUER**
H	**KELCHE**	**WASSER**
V	**SCHWERTER**	**LUFT**
H	**MÜNZEN**	**ERDE**

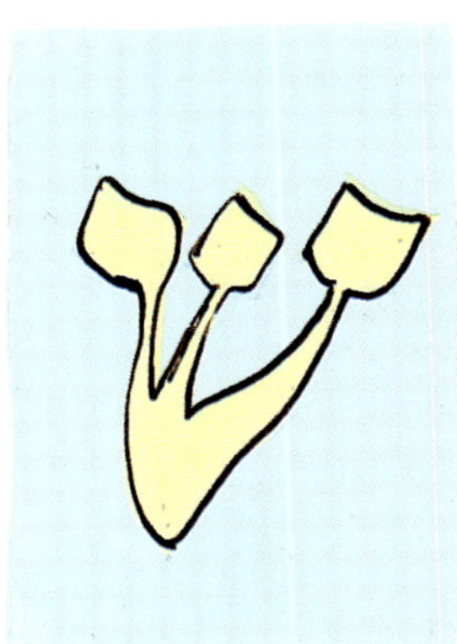

OKKULTE KABBALA

Oben: *Viele Anhänger der westlichen Magie studieren Kabbala, Astrologie, Tarot und die hebräischen Lettern.*
Gegenüber: *(Von rechts) Die Buchstaben Vav, Kuf und Shin.*

WENN DAS IN DER PRAKTISCHEN Kabbala erworbene Wissen als Basis für Rituale zum Herstellen einer physischen Manifestation verwendet wird, spricht man von okkulter Kabbala.

Viele traditionelle Kabbalisten lehnen die Magie ab, weil sie ihrer Ansicht nach den Lebensbaum aus dem Gleichgewicht bringt und damit auch die Ordnung und das Gleichgewicht der Natur stört. Man sagt auch, dass Magier derart in die Welt von Yetzira eindringen können, dass sie nicht in höhere Welten eintreten können. Rabbiner wiederum halten den Gebrauch heiliger Namen für blasphemisch. Dennoch praktizieren viele Menschen mit bester Absicht die kabbalistische Magie und unterwerfen sich dabei Gott.

Die moderne Form der Magie, oft als westliche Magie bezeichnet, wurde populär, als die Führer der Bewegung der Goldenen Dämmerung den Zusammenhang zwischen den zweiundzwanzig Lettern des hebräischen Alphabets, den Pfaden des Lebensbaums und dem Tarot herstellten.

DIE PFADE ODER KANÄLE des Lebensbaums sollen das Erreichen höherer Bewusstseinszustände beim Meditieren und Visualisieren ermöglichen. Die Anhänger der Goldenen Dämmerung nannten das »Sehen in der Vision des Geistes« und »Erheben zu den Ebenen«. Der Hauptzweck des Lebensbaums ist das Schaffen eines Rahmens zum Verstehen der Natur des Makrokosmos (Universum) und des Mikrokosmos (Menschheit).

Um die Kabbala in die westliche Magie übernehmen zu können, lernen die Anhänger die Macht der hebräischen Buchstaben zu verstehen (siehe Seite 148), ihre Bedeutung, die göttlichen Namen und die Verbindungen mit dem Lebensbaum, der Astrologie und dem Tarot zu begreifen.

Oben: *Die Sephirot des Lebensbaums werden als drei Säulen dargestellt, die zeigen, wie die linken und rechten Sephirot zusammenarbeiten, die mittlere Säule dient als Vermittler.*

Below: *Der Buchstabe Hei.*

Ein Grundprinzip bei der Anwendung des Lebensbaums in der Magie ist das Gleichgewicht, also das Wissen, dass Sephirot in Paaren arbeiten, und dass ihre Macht durch die Sephirot der mittleren Säule synthetisiert wird. Das ist ein wesentlicher Bestandteil jedes magischen Tuns, das den Lebensbaum verwendet, denn wenn alle Energien nur bei einem der Sephirot der linken oder rechten Säule verwendet würden, könnte der ganze Lebensbaum aus dem Gleichgewicht geworfen werden, und die physische Manifestation wäre dann negativ.

Die Sephirot der linken Säule repräsentieren das feminin-negativ-passive Prinzip, die in der rechten Säule das männlich-positiv-aktive Prinzip. Die in der Mitte repräsentieren Gleichgewicht und Harmonie, sie stellen den Ausgleich zwischen den Sephirot der beiden äußeren Säulen her.

Magier erkennen, dass jeder der Sephirot nur von einem der heiligen Namen Gottes regiert wird, sie halten diese also auch für Repräsentanten der Natur. Daraus schließt man, dass der Lebensbaum auch in Relation zu den Elementen gesehen werden kann. Die oben stehende Abbildung zeigt die zwei mit jedem der Sephirot verbundenen Elemente. Die Sphäre Binah zum Beispiel ist eine Kombination von Feuer (wie alle Sephirot der linken Säule) und Luft, bekannt als Feuer der Luft; Yesod ist bekannt als Luft des Wassers. Sephirot ohne Elemente in ihrer Nähe haben beide Elemente zu gleichen Teilen.

ANHAND DIESER TABELLE können wir verstehen, waum der Stern Davids so ein mächtiges Symbol ist, seine Gestalt drückt nämlich Gleichgewicht und Abhängigkeit zwischen rechter Säule, Wasser, und linker, Feuer, aus und bringt sie in Harmonie mit dem mittleren Pfeiler.

In den meisten magischen Ritualen sind Namen und Wörter sehr wichtig. Wenn ein Magier ausgebildet wird, lernt er ein magisches Alphabet, Vokabular und Sprache, durch welche er dem Universum kommunizieren kann, was seine Intentionen sind, wenn er Zaubersprüche aufsagt. Sie werden vom Magier auch verwendet, um vom Universum zu lernen.

Die zehn Sephirot, die den Lebensbaum bilden, können mit einer riesigen Datenbank verglichen werden. Es gibt zahlreiche Systeme und Korrespondenzen, die mit jedem der Sephirot verbunden werden können. Kabbalisten können diese verwenden, den Sephirot bei ihrer Tätigkeit zu helfen, indem sie mit der spezifischen Energie jeder der Sphären arbeiten.

Es gibt viele Verzeichnisse solcher »magischer Korrespondenzen«, die dabei helfen, Sprache in planmäßige Gedanken zu übertragen und Wahrnehmung in andere Linien von Gedanken und Bewusstsein. Diese Symbole helfen uns, die Realität zu erklären, sie sind nicht die Realität selbst. Sie können auch dazu verwendet werden, Verbindungen zum Lebensbaum herzustellen, um Talismane und Siegel zu erzeugen. Einige sind im Tarot-Kapitel aufgelistet, einige andere folgen hier:

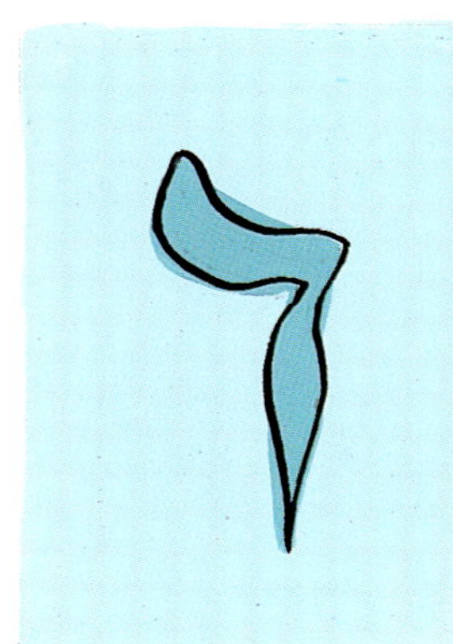

Oben (links): *Der Stern Davids; (rechts) die Davidsterne in diesem Buch sollen Adam vom Erzengel Raziel gegeben worden sein.*
Unten: *Der Buchstabe Daled.*

CHAPTER FOUR

DIE NATUR UND DER LEBENSBAUM

SEPHIROT	PFLANZE ODER BAUM	GEMMEN	TIERE
1. KETER	MANDELBAUM	DIAMANT	SCHWAN
2. HOKHMAH	MISTELZWEIG	TÜRKIS	ADLER
3. BINAH	ZYPRESSE	STERNENSAPHIR	BIENE
4. HESSED	ÖLBAUM	LAPIS LAZULI	EINHORN
5.GEVURAH	EICHE, HICKORY	RUBIN	WOLF
6. TIFERET	EICHE, EICHELN	TOPAS	LÖWE
7. NETZAH	LORBEER, MYRTHE	SMARAGD	RABE, TAUBE
8. HOD	PALME	OPAL	SCHAKAL
9. YESOD	GINSENG	QUARZ	HUND, ELEFANT
10. MALKHUT	EFEU, WEIZEN, WEIDE	BERGKRISTALL	STIER, SPHYNX

Beachten Sie bitte, dass das kein komplettes Verzeichnis ist, sondern nur Beispiele magischer Korrespondenzen des Lebensbaums in der Natur. Für weitere Informationen empfehlen wir das Werk mit dem Titel *777* von Aleister Crowley.

SEPHIROT	PLANET	PHYSISCHE KORRESPONDENZEN	MAGISCHE BILDER
1. KETER	URWIRBEL	SCHEITEL	BÄRTIGER KÖNIG IM PROFIL
2. HOKHMAH	TIERKREIS	LINKE GESICHTSHÄLFTE	BÄRTIGER KÖNIG EN FACE
3. BINAH	SATURN	RECHTE GESICHTSHÄLFTE	MATRONE
4. HESSED	JUPITER	LINKER ARM	GEKRÖNTER THRONENDER KÖNIG
5. GEVURAH	MARS	RECHTER ARM	KRIEGER IM STREITWAGEN
6. TIFERET	SONNE	BRUST	KIND, KÖNIG
7. NETZAH	VENUS	BEINE, HÜFTEN, LENDEN	SCHÖNE NACKTE FRAU
8. HOD	MERKUR	BEINE, LENDEN	HERMAPHRODIT
9. YESOD	MOND	GESCHLECHTSORGANE	SCHÖNER NACKTER MANN
10. MALKHUT	ERDE FÜR ELEMENTE	ANUS, FÜSSE	JUNGE FRAU, THRONEND UND GEKRÖNT

BLUMEN UND FRÜCHTE

MANDELBLÜTE
AMARANT
LILIE
VIERBLÄTTRIGER KLEE
NESSEL
SONNENBLUME
ROSE, FEIGE, APFEL
LINDE
GARDENIE, ORCHIDEE
GRANATAPFEL

MAGISCHE KORRESPONDENZEN UND DER LEBENSBAUM

SYMBOLE	TUGENDEN	LASTER
PUNKT	LEISTUNG	KEINE
PHALLUS, GERADE LINIE	FRÖMMIGKEIT	KEINE
KELCH, WEIBLICHE GENITALIEN	RUHE	HABGIER
TETRAEDER, RING	GEHORSAM, GROSSZÜGIGKEIT	GEFRÄSSIGKEIT, SELBSTGERECHTIGKEIT, TYRANNEI, HEUCHELEI
SCHWERT, FÜNFECK	MUT	ZERSTÖRUNGSWUT, TYRANNEI, RACHSUCHT
WÜRFEL	FRÖMMIGKEIT	STOLZ
LAMPE, ROSE	SELBSTLOSIGKEIT	WOLLUST, UNKEUSCHHEIT
SCHÜRZE	WAHRHEITSLIEBE	UNEHRLICHKEIT
DUFT	UNABHÄNGIGKEIT	FAULHEIT
GLEICHARMIGES KREUZ	URTEILSKRAFT	TRÄGHEIT

Kabbala und die magischen Kräfte des Mondes

Die Sonne soll dich nicht quälen bei Tag und der Mond nicht bei Nacht.

PSALMEN 121, 6

Oben: *Der Buchstabe Gimel.*
Unten: *Der Buchstabe Beit.*

DEM MOND WIRD ALLGEMEIN ein starker Einfluss auf unser Leben zugeschrieben. Zu allen Zeiten waren Kabbalisten und die jüdische Bevölkerung im Allgemeinen darauf bedacht, die Mondphasen zu beachten, bevor sie mit einer wichtigen Tätigkeit begannen. So wie alle, die um die Magie wussten, war ihnen klar, dass der zunehmende Mond Wachstum und Entwicklung fördert, während der abnehmende Mond den Verfall beschleunigt und der Vollmond die Zeit der größten Macht ist. Das kommt in dem Gebet zum Ausdruck, das den Mond am Abnehmen hindern soll:

Es möge dein Wille sein, Adonai, mein Gott, Gott meiner Väter, den Makel des Mondes zu füllen, damit er nicht abnimmt. Möge das Licht des Mondes wie das Licht der Sonne und das Licht der sieben Tage der Schöpfung sein, bevor es weniger wurde, wie gesagt wird: »Die zwei großen Himmelskörper.« Es möge sich über uns der Vers erfüllen, wie geschrieben steht: »Sie werden Adonai, ihren Gott, suchen und David, ihren König. Amen.«

DER KABBALIST ELEAZER von Worms, Deutschland, warnte seine Anhänger davor, bei abnehmendem Mond Bäume zu fällen, Getreide und Früchte zu ernten oder Wäsche einzuweichen, weil sie schnell verderben würden. Er diagnostizierte auch, dass manche psychischen Gebrechen vom Einfluss des Monds auf das Gehirn verursacht würden.

Man sollte seine Fingernägel oder sein Haar nicht an einem Neumondtag schneiden. Das hat mit dem Glauben zu tun, dass man sich in dieser Periode nicht mit Wachsendem beschäftigen soll, weil das Unglück bringt.

Die Phase des zunehmenden Monds ist die beste Zeit für Hochzeiten, denn sie soll Glück bringen. In dieser Zeit schwanger zu werden, soll be-

sonders günstig für das Kind sein, das ist auch die beste Zeit, in ein neues Heim einzuziehen.

Der Neumondtag ist die beste Zeit, ein neues Geschäft zu beginnen oder ein neues Studium. In früheren Zeiten war das auch die beste Zeit für den Schulbeginn eines Kinds.

Oben: *Kabbalisten erkennen den Einfluss der Mondphasen an.*

HEILIGUNG DES MONDES/KIDDUSH LEVANAH

DIE HEILIGUNG DES Monds ist ein Ritual, das in den Zeiten des Talmud entstand und noch immer praktiziert wird. Ein Grund dafür ist, dass Rabbi Yochana lehrte, dass derjenige, der den Mond zur rechten Zeit segnet, als einer angesehen wird, der Shekinah – Gottes Gegenwart grüßt. Durch das bewusste Beobachten der verschiedenen Mondphasen sehen wir einen winzigen Teil des Wunders von Gottes Schöpfung.

Der andere Grund ist, dass die Mondphasen wegen ihres monatlichen Auftretens mit der Geschichte der Juden und der Kabbala gleichgesetzt

Oben: *(Von rechts) Die Buchstaben Kaph, Lamed und Aleph.*

werden können. So wie der Mond nach einer Periode des Niedergangs wieder geboren wird, so stehen auch das jüdische Volk und seine Lehren regelmäßig nach Perioden des Niedergangs und der Verfolgung wieder auf.

Der Neumondsegen sollte üblicherweise im Freien, bei sichtbarem Mond gesprochen werden, zwischen dem vierten und dem sechzehnten Tag des Monats. Er sollte nicht am Sabbat rezitiert werden, außer es wäre der letzte verbleibende Tag vor der Monatsmitte.

Halleluja! Preist Adonai von den Himmeln; preist Ihn in der Höhe. Preist Ihn, alle Seine Engel; preist Ihn, alle Seine Legionen. Preist Ihn, Sonne und Mond; preist Ihn, ihr strahlenden Sterne. Preist Ihn, ihr höchsten Himmel, und die Wasser, die über den Himmeln sind. Lasst sie den Namen Adonais preisen, denn Er befahl, und sie wurden geschaffen. Und Er richtete sie ein für immer, Er erließ eine Ordnung, die sich nicht ändern wird.

Bevor man den folgenden Segen spricht, sollte man zum Mond blicken:

Gepriesen seist Du, Adonai, unser Gott, König des Universums, der mit Seinem Wort die Himmel schuf, und mit dem Atem Seines Munds alle ihre Heere. Eine Weisung und einen Plan gab Er ihnen, dass sie ihre zugewiesene Aufgabe nicht verändern. Sie sind fröhlich und freudig, den Willen ihres Eigentümers zu erfüllen – dessen Werk Wahrheit ist. Zum Mond sagte Er, dass er sich erneuern solle, als Krone des Glanzes der aus dem Schoß Geborenen, die dazu bestimmt sind, sich auch zu erneuern, und ihren Gestalter zu ehren, im Namen Seines glorreichen Königreichs. Gepriesen seist Du, Adonai, der die Monate erneuert.

EINIGE DER PRAKTIKEN, die sich auf dieses Ritual beziehen, enthalten das erstmals in einem Werk der nach-talmudischen Periode erwähnte *Masekhet Soferim*, bei dem man nach dem Segensspruch dreimal springt, und

den Mond dreimal anspricht, mit den Worten: »Wie ich nach dir springe und dich nicht erreiche, so sollen die, die nach mir springen, mich nicht treffen,« dann soll man dreimal zu seinem Nachbarn sagen: »Friede sei mit dir.«

Im Mittelalter waren dreifache Wiederholungen mit vielen Formen des Zaubers verknüpft. Nach dem oben erwähnten Ritus schüttelte man meist sein Gewand aus, um »Geister abzuwerfen«. Jeder, der diesen Ritus praktizierte, sollte im folgenden Monat vor dem Tod geschützt sein.

Traditionellerweise wird der Beginn des Mondmonats mit dem Neumondfest – Rosh Hodesh gefeiert. In der vorangehenden Sabbatzeremonie wird das Datum des Neumonds verkündet, das Shofar wird geblasen, während die Gemeinde zu Gott um einen erfolgreichen und freudigen Monat betet. Die Ausnahme bildet der Sabbat vor dem Monat Tishri, dem Rosh Hashanah, dem jüdischen Neujahrsfest. Da wird das Shofar nicht geblasen, um den Engel des Todes zu täuschen, der gerne während des Neujahrsfests Chaos in das Leben der Menschen bringt.

Wenn in der Sabbatzeremonie das Datum des Neumonds verkündet wird, betet die Gemeinde zu Gott, er möge den neuen Monat segnen. Früher wurde dieses Datum vom Rat der Rabbiner bestimmt, heute ist es kein Problem, das Datum festzusetzen. Der Beginn des jüdischen Monats (der sich von dem in der übrigen Welt dadurch unterscheidet, dass er ein Mondmonat ist und vom Anbeginn der Zeiten an datiert wird) fällt exakt auf den Zeitpunkt, wo der Mond genau zwischen Sonne und Erde steht, und daher unsichtbar ist. Das ist der Punkt, an dem die Geburt des Mondes stattfindet, auf Hebräisch *molad*.

In Safed, dem Zentrum der Kabbala im 16. Jahrhundert, entstand der auch heute noch übliche Brauch, am Vorabend des Neumonds zu fasten. Die Kabbalisten sahen nämlich das Abnehmen des Monds als Symbol für die Abwesenheit Gottes von der Welt und für den Niedergang der Menschheit. Der nächste Tag war ein Fest, ein Symbol der Hoffnung und Erneuerung.

ROSH HODESH

DAS NEUMONDFEST

Die Legende vom Golem

Im Namen von Rabbi Eleazar wird gesagt: Als der Herr den Adam schuf, kam er zu dem Punkt, da Adam die Form eines Golems hatte, eines unförmigen Klumpens, der sich von einem Ende der Welt bis zum andern ausbereitete. Die Schrift sagt dazu: »Deine Augen sahen die ungeformte Substanz« (Golem).

IN DER OBIGEN ERZÄHLUNG wird Adam während seiner Erschaffung als Golem beschrieben, bevor Gott ihm Leben einhaucht, und, was noch wichtiger ist, eine Seele.

Geschichten von künstlichen Erschaffungen, die von Kabbalisten zitiert werden, tauchten in der Talmudzeit (vor dem Jahr 500) auf. Die Schaffung eines Golems durch Rabbi Abba ben Rav Hamma (Rav) wird im Talmud in dieser Periode (viertes Jahrhundert) berichtet:

Rav erschuf einen Menschen. Er sandte ihn zu Rav Zera. Der sprach zu ihm, aber er antwortete nicht. Da sagte er: » Du musst von einem meiner Kollegen erschaffen worden sein. Kehre zum Staub zurück.«

TALMUD, SANHEDRIN 65B

FÜR DIESE VERFASSER des Talmud war die Erschaffung eines Golems kein besonders bemerkenswertes Kunststück. Die Macht des geschriebenen Wortes, die Alchemie und der Namen Gottes war diesen frühen Kabbalisten wohl vertraut, und ihre Studie des *Sepher Yetzirah* war der ideale Rahmen für die Erschaffung eines Golems. Man glaubt, dass viele Rabbiner und Gelehrte im Stande waren, menschliche und tierische Golems zu erschaffen, so etwa die Rabbiner Khanaina und Hoshaya, die durch ihre Meditationen ein Kalb erschufen, schlachteten und vor dem Sabbat aßen.

Die Legende vom Golem ist einer der faszinierndsten Aspekte am Gebrauch magischer Elemente in der Kabbala. Verschiedenste Legenden

über Golems wurden nicht nur mündlich überliefert, sie sind seit dem 19. Jahrhundert auch häufig Gegenstand der Literatur jüdischer und nichtjüdischer Kreise.

Im 20. Jahrhundert steigerte sich das Interesse, als Schriftsteller die Legende den Gegebenheiten ihrer Zeit anpassten, und sie auch zur Basis für Sciencefiction machten. Es gibt auch eine Reihe von Filmen über Golems, etwa zwei verschiedene Versionen von *Der Golem* (1914 und 1920) oder andere wie *The Golem and the Dancer* (1917) und einen im 19. Jahrhundert spielenden Golemfilm. Der Golem tauchte auch in der TV-Serie *Akte X* auf; hunderte Webseiten und zahlreiche Bücher sind dieser Legende gewidmet.

Viele Schriftsteller sehen eine Verbindung zwischen dem Golem und Mary Shelley's Monster, Victor Frankenstein. 1808, acht Jahre vor *Frankenstein*, schrieb Jacob Grimm (Mitverfasser der *Kinder-und Hausmärchen*) über die Golemlegende. Im Vorwort zu ihrer Geschichte erwähnt Mary Shelley, dass sie im Sommer 1816 einige Zeit in Genf verbracht und dort deutsche Geistergeschichten gelesen habe.

Zum Verständnis des Hintergrunds der Golemlegende ist es wichtig, die «Blutverleumdung« zu verstehen, blutrünstige Ritualmorde an Juden, die jahrhundertelang in Europa stattfanden. Grundlage dieser Verleumdung war die Behauptung, dass Juden christliche Kinder zu Opferzwecken töteten, besonders am Passahfest, wo das Blut der Kinder zu den Zutaten des Matze, des Passahbrots, gemischt worden sein soll. Die Verleumdung lebte immer dann auf, wenn ein christliches Kind vermisst wurde; sein Leichnam wurde oft den Juden untergeschoben, oft von einem Priester, der ihn dann »entdeckte« und den Mob mit mörderischem Wüten durch das Ghetto führte. Das diente dann der Kirche als Rechtfertigung für die Beschlagnahme jüdischen Eigentums. Juden wurden auch beschuldigt, Hostien zu entweihen. Dieser antisemitische Volksglaube wurde zur Ursache für den Tod tausender unschuldiger jüdischer Männer, Frauen und Kinder.

Viele Golemlegenden wurden über die Jahrhunderte weitergegeben. Die berühmteste aber ist die Legende vom Golem von Prag.

Gegenüber: *Das Yod.*
Unten: *Chet (unten) und Tet (oben).*

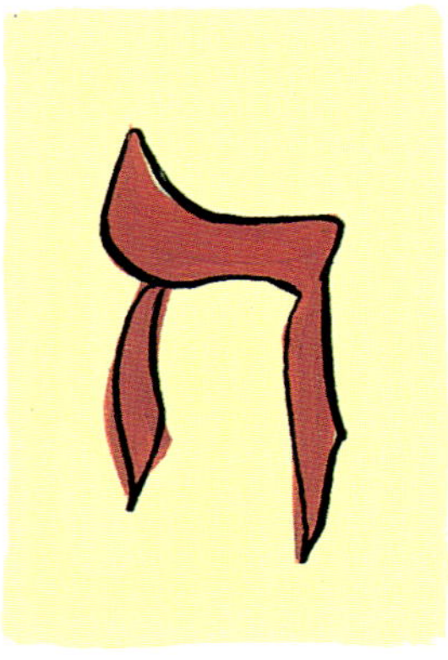

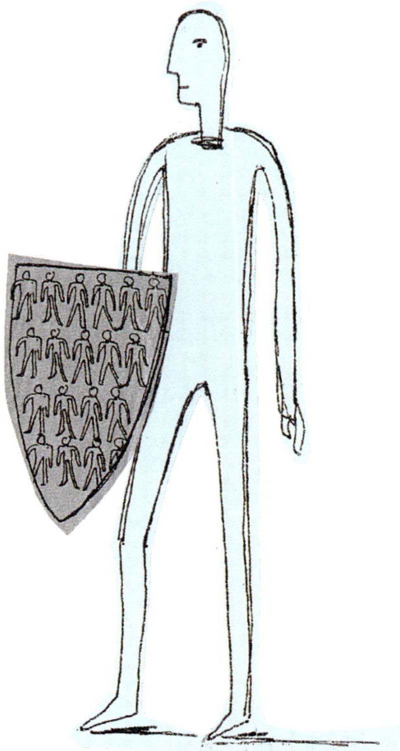

DER GOLEM VON PRAG

RABBI JUDAH LOEW BEN BAZALEL (ca. 1525–1609) war bekannt als der Maharal von Prag. Er war ein Talmudist, kabbalistischer Moralist, Astronom und Mathematiker und wurde um 1571, in einer Zeit großer Judenverfolgung wegen der Ritualmordlegende, Oberrabbiner von Prag.

1580 fragte er in seinen Träumen, wie er den christlichen Priestern entgegentreten könnte, die diese Anschuldigung schürten. Die Antwort war eine Kombination hebräischer Buchstaben, die, wie der Gelehrte erkannte, die verschiedenen Kombinationen der Namen des Göttlichen beinhalteten. Er erkannte, dass er durch Verwendung dieser Abwandlungen einen lebenden Golem aus Erde schaffen konnte. Gemeinsam mit seinem Schwiegersohn und einem Schüler machte er sich also ans Werk.

Damit diese Erschaffung stattfinden konnte, musste er die vier Elemente Luft, Wasser, Feuer und Erde, anrufen. Er war im Element der Luft geboren, sein Schwiegersohn im Element des Feuers, sein Schüler im Element des Wassers. Sie konnten daher das Schöpfungswerk nicht vollenden, bis sie am Flussufer eine Stelle mit Lehm und Schlamm fanden, das Element Erde, hier formten sie die Gestalt eines Menschen.

Zum Leben gebracht wurde der Golem durch ein magisches Ritual und durch ein in seinen Mund gestecktes Stück Papier, auf dem die magischen und lebensspendenden Buchstaben SH-E-M, der unaussprechliche Name Gottes, geschrieben standen. Er konnte nicht sprechen und war dem Rabbi vollkommen gehorsam. Er arbeitete als Diener, schöpfte Wasser und hackte Holz, konnte aber nur genauen Anweisungen folgen, und eine Legende, die vielleicht die Vorlage für den *Zauberlehrling* war, besagt, dass als man dem Golem befahl, frisches Wasser zu holen, ihm aber nicht sagte wie viel, eine kleine Flut entstand.

Nachts streifte der Golem durch das Ghetto, beschützte die Juden und ertappte jene, die für die Blutverleumdung verantwortlich waren, auf frischer Tat. Schließlich konnte Rabbi Leow den Kaiser überreden, Gesetze gegen die Blutverleumdung zu erlassen. Da der Golem nun nicht mehr gebraucht wurde, soll ihn der Rabbi in einen Raum auf dem Dachboden der Alt-Neu-Synagoge geführt und das Papier aus seinem Mund genommen haben, worauf er zu einem leblosen Lehmklumpen wurde. Seine Überreste sollen immer noch in einem versperrten Raum oberhalb der Synagoge liegen.

Oben: *Der Golem war mehr Beschützer als Monster.*
Unten: *Der Buchstabe Zayzin.*

Oben: *(Von rechts): Die Buchstaben Ayin, Pei und Tzaddi.*

Diese Legende wurde mir von meinem Vater erzählt, aber es gibt viele verschiedene Versionen, die mündlich weitergegeben wurden. In manchen werden die Buchstaben SH-E-M auf die Stirn des Golems geschrieben und, um ihn zu zerstören, muss man den mittleren Buchstaben weglöschen. In anderen Versionen werden die geschriebenen Wörter in das Ohr des Golems gesteckt und können bei Bedarf herausgenommen werden.

Es gibt auch ältere, weniger bekannte Geschichten, die oft mit Rabbi Elijah von Chelm in Zusammenhang gebracht werden, in denen der Golem immer größer und mächtiger wurde und zerstört werden musste, was zeigt, wie die unbegrenzte Macht der Elemente Verwüstung und Zerstörung bringen kann. In diesem Fall soll das magische Wort auf der Stirn des Golems das hebräische Wort für Wahrheit, *emet* (geschrieben Aleph/Mem/Tav) gewesen sein. Um den Golem zu töten, musste der erste Buchstabe, Aleph, von seiner Stirn gelöscht werden, das verbleibende *met* bedeutet Tod.

Eine der dem Rabbi Elijah zugeschriebenen Geschichten war, dass er Angst bekam, weil der Golem so groß und mächtig geworden war. Er war schon so groß, dass der Rabbi unmöglich seine Stirn erreichen konnte, um das Aleph wegzulöschen. Der Rabbi beschloss also, zu einem Trick zu greifen. Er setzte sich und bat den Golem, ihm die Stiefel auszuziehen. Als sich der Golem bückte, um das zu tun, konnte der Rabbi endlich seine Stirn erreichen und das Aleph auslöschen. Der Golem wurde sofort leblos und stürzte, und das Gewicht seines Körpers tötete auch den Rabbi.

Während des Zweiten Weltkriegs tauchte die Legende vom Golem wieder auf, der die Alt-Neu-Synagoge in Prag beschützt haben soll. Die deutschen Besatzer wollten die Synagoge zerstören. Als sie damit beginnen wollten, hörten sie die Schritte eines Riesen auf dem Dach und sie sahen den Schatten einer riesigen Hand durch das Fenster auf den Boden fallen. Sie erschraken und flohen in Panik. Man könnte logisch argumentieren und sagen, dass es in der alten Synagoge ein starkes Echo gab, und dass die alten Glasfenster jeden Schatten verzerren, aber andererseits gilt es schon als Wunder, dass die Deutschen gerade diese Synagoge unversehrt stehen ließen.

Oben: *Der Buchstabe Samekh.*

Wie bei vielen Legenden muss man hinter das Märchen blicken und die Quelle und Fakten hinter der Geschichte suchen. Viele Kabbalisten sind sich einig, dass das Rezept zum Erschaffen eines Golems im *Sepher Yetzirah*, dem *Buch der Schöpfung,* zu finden ist. Manche meinen, dass das Rezept eine Kombination der hebräischen Buchstabenmagie mit einem Ritual ist, das in dem, der es praktiziert, einen ekstatischen Zustand erzeugt, der ihn fühlen lässt, dass der Golem lebt. Diese gewaltige Erfahrung dauert aber nur so lange wie die Ekstase ihres Schöpfers. Andere gehen einen Schritt weiter und sagen, dass, wenn einmal ein Golem geistig konz piert wurde, diese Essenz auch in eine Lehmform übertragen werden kann, die schließlich lebendig gemacht werden kann. Durch so einen Prozess könnte ein physischer Golem zum Leben erweckt werden.

Welcher Theorie man auch immer glaubt, es wird jedenfalls berichtet, dass der Maharal das Dachgeschoss der Prager Alt-Neu-Synagoge mit einem noch heute aufrechten Bann belegte. Man glaubt, dass der Körper des Golems dort ruht, bis er wieder zum Schutz der Juden in Prag gerufen wird.

SEXUELLE MAGIE UND DIE KABBALA

Ich werde Salomon das Lied der Lieder singen, damit er mich mit Küssen bedeckt.
Deine Liebe duftet süßer als Wein, süß ist der Wohlgeruch deines Dufts, und dein Name ist wie ausströmender Duft, dafür lieben dich die Mädchen.
Nimm mich mit dir, und wir werden zusammen laufen. Du brachtest mich in deine Kammer, oh König.

DAS LIED DER LIEDER 1, 1–4

DER BERÜHMTESTE TEXT jüdischer erotischer Poesie ist das »Shir ha-Shirim«, das »Lied der Lieder« König Salomons in der Bibel. Der *Talmud* nennt dieses Liebeslied zwischen Mann und Frau den heiligsten aller biblischen Texte, da die Sexualität der Ausdruck unserer tiefen Sehnsucht nach der letzten Einheit, der Verbindung mit Gott ist. Der Vers »Ich gehöre meinem Geliebten und mein Geliebter gehört mir« (Lied der Lieder 6,3) bezieht sich symbolisch auf das Verlangen nach der Einheit mit Gott.

Die Kabbala lehrt, dass im Augenblick der sexuellen Vereinigung die weibliche Seite Gottes über dem Ehebett gegenwärtig ist. Sie lehrt, dass, weil Gott eine weibliche und männliche Seite hat, die in perfekter Harmonie miteinander vereint sind, ein Mann das auch in seinem Leben wiederholen muss, indem er nur mit einer einzigen Frau Sex hat – mit seiner Ehefrau. Auch kann ein Mensch, der nie mit einem andersgeschlechtlichen Partner Sex hatte, nie wahrhaft mit Gott kommunizieren.

Wegen der Heiligkeit der liebenden sexuellen Vereinigung ist für Kabbalisten Sex ohne Liebe ein Gräuel, nur im Ehebett kann der Mensch also zu Gott gelangen. Das hebräische Wort für Hochzeitszeremonie, *kiddushin*, kommt ja schließlich vom Wort *kodosh*, das »heilig« bedeutet.

Laut *Zohar* (343b) stammen die Seelen zweier Menschen, die füreinander bestimmt sind aus einer gemeinsamen Seelenessenz. Ihre eheliche Vereinigung steht schon vor der Geburt fest. Um einen wahren

Oben links: *Nun.*
Unten: *Mem.*

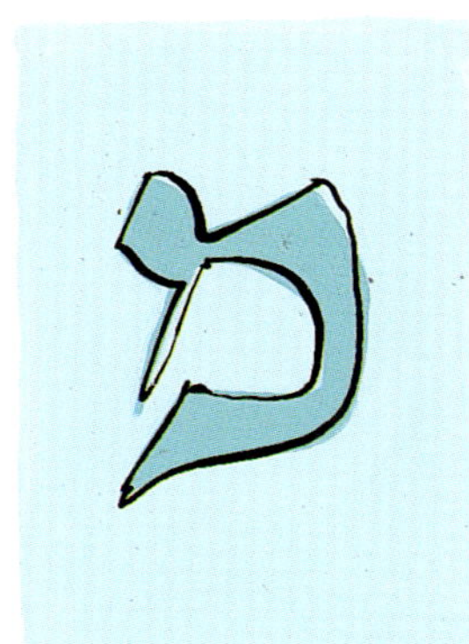

Seelengefährten zu finden, muss man sich zuerst durch das Studium der Kabbala und durch ein selbstloses Leben »selbst finden«.

In der Kabbala werden einige Techniken der Sexualität gelehrt, die die sexuelle Vereinigung verlängern, damit das irdische Vergnügen in höhere Stadien spirituellen Bewusstseins übergehen kann. Ein Mann und eine Frau sollten einander zunächst einmal als Personifizierungen des Bildes Gottes ansehen, dadurch wird der sexuelle Akt etwas Heiliges.

Wenn Mann und Frau miteinander intim sind, sollte der Mann spüren, dass er mit dem männlichen Aspekt Gottes erfüllt ist, der intime Beziehungen mit dem weiblichen Aspekt hat. In demselben Sinn sollte auch die Frau sich selbst als weiblichen Aspekt Gottes sehen, der intime Beziehungen mit dem männlichen Aspekt hat. Gemeinsam sollten sie erkennen, dass sie durch die sexuelle Vereinigung ein »Bild Gottes« erschaffen.

Für das Erreichen dieser höheren Ebene der sexuellen Vereinigung ist es sehr wichtig, dass keiner der beiden Partner an sonst irgendeine Person des anderen Geschlechts denkt, als an den Partner, mit dem er beisammen ist. Beide sollten sich, wie bei der Meditation, vollkommen darauf konzentrieren, nur von Gedanken aneinander eingenommen zu werden und andere Gedanken aus ihrem Geist zu verbannen.

In der Kabbala findet man Anweisungen, wie man vom körperlichen Vergnügen am Sex in den Zustand spiritueller Ekstase gelangen kann. Sie dienen hauptsächlich der Verstärkung des meditativen Zustands. Der Akt soll in einem dunklen Raum stattfinden, denn die Erfahrung soll vor allem über den Tastsinn erfolgen, und nichts soll die Partner ablenken. In der Genesis hören wir, dass Mann und Frau »ein Fleisch« werden, was heißt, dass kein Gewand zwischen ihnen sein soll, damit die Tasterfahrung zunimmt.

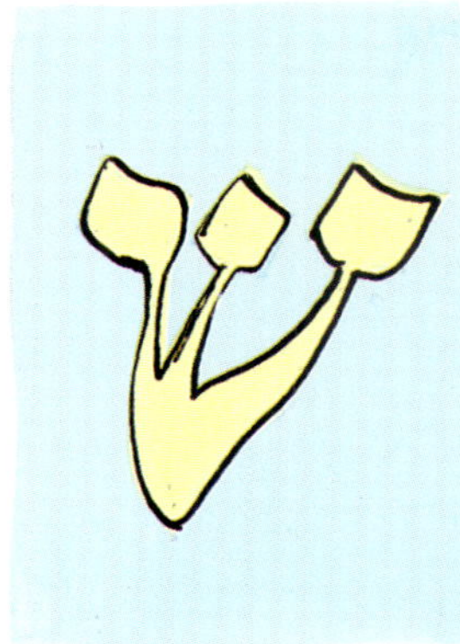

Die Kabbala lehrt, dass der sexuelle Akt mit Worten der Liebe beginnen soll, die zu Küssen, Umarmungen und engen Liebkosungen und schließlich zu voller sexueller Vereinigung führen. Anders gesagt, beginnen Rede und Küsse den Vorgang in ihrem Kopf und Geist, und führen zu den volleren Empfindungen des Berührens und Liebkosens in ihrem Körper. Das führt dann zu den Lustgefühlen in ihren Geschlechtsorganen und zum Punkt höchster sexueller Ekstase. So kontrollieren sie den Fluss ihrer sexuellen Energie durch ihren Geist über den Kopf und die Wirbelsäule in ihren Körper, bis sie jeden Teil davon erfüllt.

Oben: *Der Buchstabe Resh (oben) und Shin (links oben).*
Gegenüber: *Der Buchstabe Tav.*

Deine Brüste soll ich finden wie Trauben am Weinstock.
Der Wohlgeruch deines Atems ist wie Äpfel, dein Mund fließt sanft wie süßer Wein und heißt meine Zärtlichkeiten willkommen, die durch Lippen und Zähne gleiten.
Ich gehöre meinem Geliebten, sein Verlangen gilt mir.
Komm, mein Geliebter, gehen wir in die Felder und legen wir uns unter die Hennabüsche; gehen wir früh in die Weinberge und sehen wir, ob der Wein knospt oder seine Blüten öffnet, ob die Granatäpfel blühen.
Dort will ich dir meine Liebe geben, wenn die Alraunen ihren Duft geben und alle seltenen Früchte an unserem Tor bereit sind, Früchte neu und alt, die ich für dich, meine Liebe, auf Lager habe.

LIED DER LIEDER 7, 8–13

DER AKT SEXUELLER INTIMITÄT ist eines der größten Vergnügen, die wir erleben können, und obwohl wir einerseits wissen, dass das so ist, weil wir Lust empfinden müssen, um uns fortzupflanzen, ist es andererseits auf einer höheren spirituellen Ebene, weil es Mann und Frau erlaubt, sich zu vereinigen, um es Gott gleich zu tun.

Die Freude und das Vergnügen am Sex werden vervielfacht, wenn man ihn als meditative Erfahrung ansieht, in der Mann und Frau nicht nur zu intimer Erfüllung gelangen, die als Geschenk Gottes betrachtet werden kann, sondern auch erkennen, dass sie sich in diesem speziellen Moment der Ekstase mit der Quelle der Schöpfung vereinen.

Die Torah lehrt, dass ein verheirateter Mann nicht »die ehelichen Rechte seiner Frau verringern« darf (Exodus 21, 10), was im *Talmud* so interpretiert wird, dass es ein Gebot Gottes ist, dass Mann und Frau regelmäßig Geschlechtsverkehr haben. Die beste Zeit dafür ist am Abend des Sabbat, Kabbalisten sollen sich in anderen Nächten enthalten und ihre Energien für das Studium aufsparen. Der Sabbat ist die Zeit, die Sabbatbraut willkommen zu heißen, idealerweise sollte Intimität nach Mitternacht stattfinden. Das ist die heiligste Stunde, und der Sex selbst ist ein heiliger Akt.

Unten: *Der Buchstabe Kuf.*

Kein anderer Moment ist so wie die Ekstase, wenn Geist an Geist sich bindet in einem Kuss.

Zohar 2, 146A

Die Kabbala ermuntert Paare dazu, meditative Techniken zu verwenden, nicht nur um die Lust zu verstärken, sondern auch um ihren Geist auf den Partner zu konzentrieren, wodurch ihre Ehe gestärkt werden wird.

Kabbala und die Macht des Hebräischen Alphabets

KABBALA UND DIE MACHT DES HEBRÄISCHEN ALPHABETS

DAS HEBRÄISCHE ALPHABET repräsentiert die Mächte der Schöpfung und existierte schon vor der Schöpfung in einer anderen Dimension, im Zustand reiner Energie. Die einzelnen Buchstaben, ihre Namen, grafischen Formen, Gemetrie (numerische Entsprechung), Klänge und Positionen sind physische Manifestierungen der Übersetzung der Macht und Weisheit Gottes in die physische Realität. Sie sind der Transfer der Spiritualität in eine physische Form.

Die zweiundzwanzig Laute und Lettern sind das Fundament aller Dinge. Er formte, wog und setzte aus diesen zweiundzwanzig Buchstaben jede Seele zusammen, und die Seele von allem, was jemals sein wird.

SEPHER YETZIRAH

DIE HEBRÄISCHEN LETTERN verbinden uns mit den spirituellen Reichen durch ihre Gestalt, Klangfrequenzen und Vibrationen. Durch Ansehen und Aussprechen der Lettern entsteht eine Verbindung mit den Lettern in unserer Seele (unserer spirituellen DNA). Das verbindet uns mit den ursprünglichen zweiundzwanzig Mächten der Schöpfung, der kosmischen DNA.

Durch Meditation und visuelle Verbindung mit den verschiedenen Energieebenen der Buchstaben und den hebräisch geschriebenen Namen Gottes kann spirituelle Energie zu uns übertragen werden, die uns die Kraft gibt, unsere physischen, geistigen und spirituellen Körper zu heilen und unser Leben zu verändern.

Oben: *(Von rechts) Resh, Hei, und Vav.*
Unten: *Gimel.*

EINE KURZE EINLEITUNG

Das hebräische Alphabet enthält zweiundzwanzig Lettern, lauter Konsonanten, außer dem ersten, Aleph, der als Vokal verwendet werden kann. Ursprünglich wurde das Hebräische ohne Vokale geschrieben, heute schreibt man Hebräisch außerhalb Israels fast immer mit Vokalen, um es verständlicher zu machen. Hebräisch wird von rechts nach links gelesen.

Jeder hebräische Buchstabe hat einen Zahlenwert, und das Studium dieser Numerologie heißt Gemetrie. Durch Berechnung der zahlenmäßigen Äquivalenz von Buchstaben, Wörtern und Sätzen und durch ihre Kontemplation durch die Kabbala, kann man Einsicht in verschiedene Konzepte gewinnen. Manche Buchstaben haben zwei Werte, je nachdem, ob sie im Wortinneren oder am Wortende als Schlussbuchstabe verwendet werden.

Das der Gemetrie zu Grunde liegende Konzept ist, dass alle Dinge eine einzigartige Schwingung haben. Zahlen, die durch das hebräische Alphabet repräsentiert werden, haben also je ihre eigene Schwingungsebene, die die Welt um uns beeinflussen kann. Ein Beispiel dafür ist das »Was steckt in einem Namen« in Kapitel 1, wo der numerische Wert eines Namens Einfluss auf das Leben haben kann. Behält man das im Auge, kann die gesamte Bibel als eine Reihe von Zahlen gesehen werden, durch die der Kabbalist versuchen kann, Schicht um Schicht die verborgene Bedeutung zu öffnen.

Die folgende Tabelle stellt die hebräischen Buchstaben mit Namen, dazugehöriger Zahl und traditioneller bildlicher Definition der Rabbiner dar.

KABBALISTISCHES ALPHABET

MIT DEN ENTSPRECHENDEN ZAHLEN, TRADITIONELLEN BILDDEFINITIONEN UND DEN PFADEN DES LEBENSBAUMS

BUCHSTABE	NAME	ZAHL	DEFINITION	PFAD
א	ALEPH	1	OCHSE	11
ב	BEIT	2	HAUS	12
ג	GIMEL	3	KAMEL	13
ד	DALED	4	TOR	14
ה	HEI	5	FENSTER	15
ו	VAV	6	NAGEL	16
ז	ZAYIN	7	SCHWERT	17
ח	CHET	8	ZAUN	18
ט	TET	9	SCHLANGE	19
י	YOD	10	OFFENE HAND	20
כ	KAPH	20, 500	GESCHLOSSENE HAND	21
ל	LAMED	30	OCHSENZIEMER	22
מ	MEM	40, 600	WASSER	23
נ	NUN	50, 700	FISCH	24
ס	SAMEKH	60	PFAHL	25
ע	AYIN	70	AUGE	26
פ	PEI	80, 800	MUND	27
צ	TZADDI	90, 900	ANGELHAKEN	28
ק	KUF	100	HINTERKOPF	29
ר	RESH	200	KOPF	30
ש	SHIN	300	ZAHN	31
ת	TAV	400	KREUZ	32

DIE INDIVIDUELLE MACHT DER HEBRÄISCHEN BUCHSTABEN

ALEPH

Der numerische Wert von Aleph ist eins, das repräsentiert den einen unsichtbaren Gott. Die in Aleph repräsentierte Energie ist die der ersten Macht der Schöpfung. Meditieren Sie über Aleph, wenn sie Ausdauer und Stärke suchen. Sie werden dadurch auch für Ideen und Kreativität empfänglicher.

BEIT

Beit wird meist mit einem Haus (*bayit*) assoziiert, er ermuntert uns, Frieden in unserem Haus zu finden. Er hilft uns auch zu erkennen, dass wir alle unseren eigenen Platz im Kosmos haben, und dass Gott in jedem von uns wohnt. Meditieren Sie über Beit, wenn sie sich mit der Welt in Frieden und zu Hause fühlen wollen.

GIMEL

Gimel ist ein freundlicher Mann, der Bedürftigen Freundlichkeit und Wachstum bringt. Meditieren sie über Gimel für Wachstum in allen Belangen.

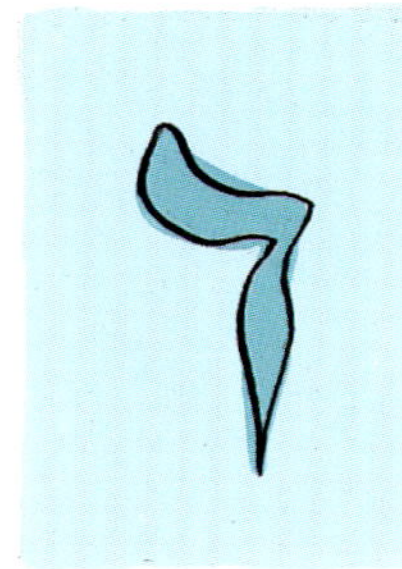

DALED

Daled repräsentiert die Vier Welten. Durch diese Welten kam alles in unserer physischen Welt vom Augenblick der Schöpfung zu uns. Daled ist auch der Anfang des hebräischen Worts für Tor (*delet*) und Wissen (*daat*). Wir sind im Leben von verborgenen Toren umgeben, und wir müssen lernen, uns auf unser spirituelles Selbst einzustimmen, auf den sechsten Sinn, um das zu sehen, was wir vermissen. Man kann über Daled meditieren, um sich den verborgenen spirituellen Toren des Lebens zu öffnen.

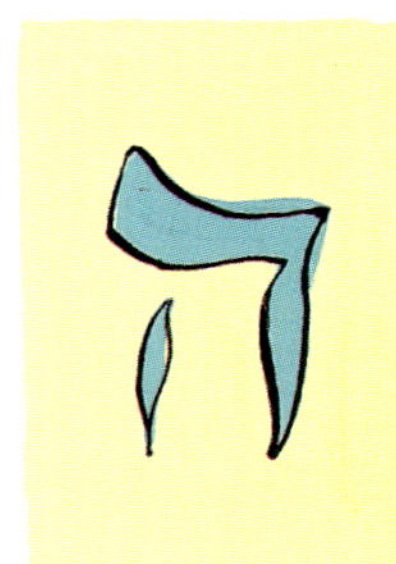

HEI

Der Buchstabe Hei kommt im Tetragramm, dem heiligen Namen Gottes, zweimal vor: YOD HEI VOV HEI. Sein Klang ist wie das Ausatmen, was uns lehrt, uns auf das Atmen zu konzentrieren, wenn wir nach spirituellem Wachstum suchen. Ein Beispiel dafür ist, dass fast alle Formen der Meditation mit einer einfachen Atemübung beginnen. Hei repräsentiert auch die fünf Dimensionen der menschlichen Seele: *nefesh*, physische Intuition; *ruach*, Emotionen; *neshamah*, Mentalität; *chayah*, spirituelles Bewusstsein und *yechidah*, die Einheit mit Gott. Man kann über den Buchstaben Hei meditieren, um spirituelle Fortschritte zu machen.

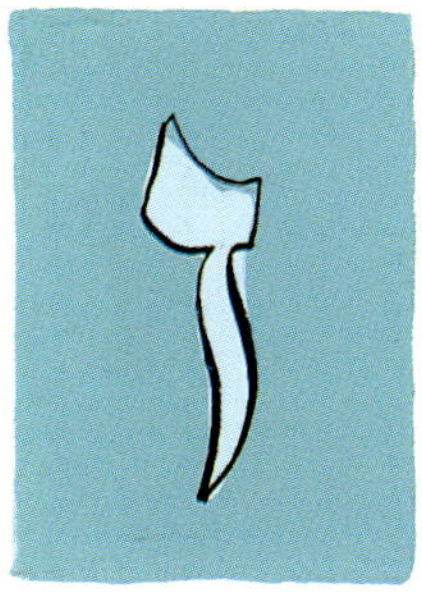

Vav

Die Form von Vav, wie eine allein stehende Säule, bedeutet, dass jeder einzigartig ist, und dass jede Existenz bedeutungsvoll ist.

Sie können über dem Buchstaben Vav meditieren, wenn Sie Ihre innere Einzigartigkeit der Welt enthüllen wollen, um Ihre soziale Verbindung zu anderen zu stärken.

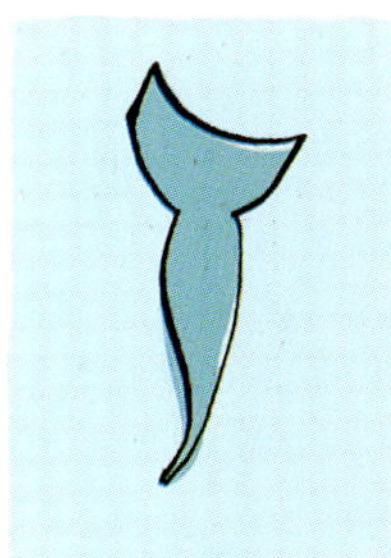

Zayin

Zayin repräsentiert die Zahl sieben, die Zahl der Vollendung und der Einheit, die Zahl der Tage der Woche. Zayin ermutigt uns, daran zu denken, dass unsere Seele der wichtigste Teil unseres Seins ist, und dass wir nicht in banalen alltäglichen Dingen stecken bleiben sollten. Sie können über Zayin meditieren, um entspannter und weniger gestresst zu werden.

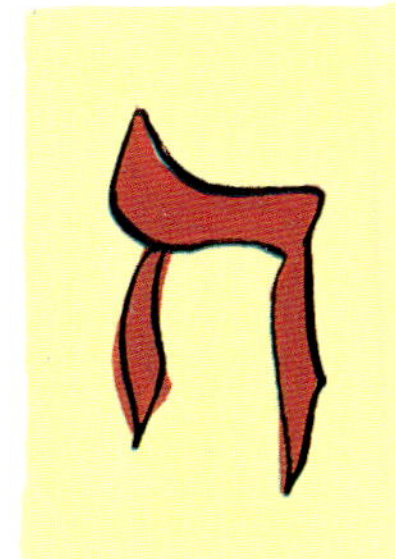

Chet

Chet ist der erste Buchstabe des Worts *chai*, Leben, und daher wichtig für die Förderung von Gesundheit und Vitalität. Er ist auch der erste Buchstaben des Worts *chalom*, Traum. Träume gelten als sehr wichtige Kanäle, durch die wir Inspiration, Warnungen und sogar spirituelle Kommunikation erhalten.

Meditieren Sie über Chet für physische Gesundheit. Sie können auch über Chet meditieren, wenn Sie mehr spirituelles Verständnis oder Führung durch Träume bekommen wollen.

Tet

Tet ist der erste Buchstabe des hebräischen Worts *tov*, gut. Seine Gestalt mit dem nach innen gekrümmten Arm symbolisiert, dass das Gute oft vor uns verborgen ist. Das Gute ist oft mit dem göttlichen Licht verbunden. Tet ist auch der erste Buchstabe des hebräischen Worts *tahor*, Glanz und Reinheit. Das zeigt, dass unsere Seele durch Klarheit für die göttliche Kommunikation offener wird. Meditieren Sie über Tet, um sich für das Gute und die spirituelle Inspiration zu öffnen.

Yod

Dieser Buchstabe stellt die Zahl zehn dar, er ist mit den Energien der zehn Sephirot auf dem Lebensbaum verbunden. Dieser kleine Buchstabe, der in der Luft zu hängen scheint, stellt einen spirituellen Boten dar, der Veränderung in unser Leben bringt. Seine kleine Gestalt enthält viel Energie und Kraft. Meditieren sie über Yod, um Veränderung in Ihr Leben zu bringen.

Kaph

Kaph ist der erste Buchstabe des hebräischen Worts *kavannah*, das Intention, Willenskraft und Zielstrebigkeit ausdrückt. Es ist einer der wichtigsten Schlüssel zu transzendentem Bewusstsein durch Meditation, Gebet und die visuellen Formen des hebräischen Alphabets. Meditieren Sie über Kaph, um Ihre Willenskraft zu stärken.

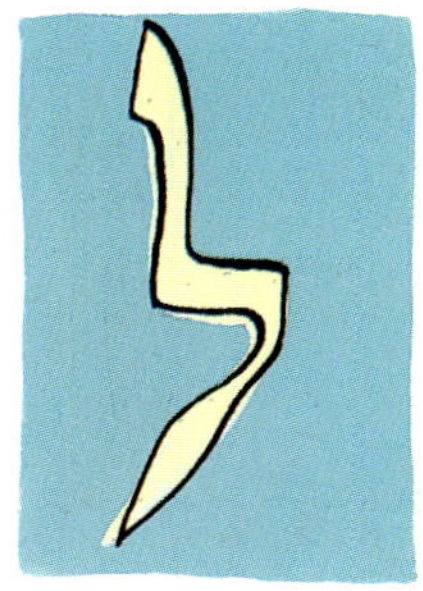

Lamed

Lamed hat den numerischen Wert dreißig, und nach der mystischen Tradition gibt es in jeder Generation sechsunddreißig *lamed-vov* (rechtschaffene Menschen) auf der Erde. Meditieren Sie über Lamed, wenn Sie wissen wollen, wie Sie eine wahrlich rechtschaffene Person werden können.

Mem

Mem ist der erste Buchstabe des hebräischen Worts *maggid*, das einen ausgebildeten Lehrer und einen Führer des Geists beschreibt. Die Kabbala zu erlernen, gleicht dem Erreichen einer höheren spirituellen Ebene, die uns erlaubt, uns mit unseren spirituellen Führern zu verbinden. Mem ist auch der erste Buchstabe in *molech,* Engel. Viele sind sich der Energien der Engel um uns bewusst. Meditieren sie über Mem, um sich Ihren Engeln und spirituellen Führern zu öffnen.

NUN

Nun ist das aramäische Wort für Fisch, es bedeutet Überfluss und Fruchtbarkeit. Das legt nahe, dass Glaube und Verständnis ein Gefühl großen Wohlstands in unser Leben bringen können. Nun hat auch die Doppelbedeutung von Regeneration und Zerstörung, macht uns also den Naturkreislauf von Geburt, Wachstum und Zerfall bewusst. Meditieren Sie über Nun, um Ihren Glauben zu stärken, und um über Ihre wahre Identität nachzudenken.

SAMEKH

Die geschlossene Form des Samekh repräsentiert die Vollendung. Das lässt uns über die Macht nachdenken, die in jedem von uns steckt, unser eigenes Leben und das der anderen besser zu machen. Es symbolisiert auch, wie Gott jeden von uns beschützt.

Meditieren Sie über Samekh, um sich Ihrer inneren Stärke bewusst zu werden, und damit die göttliche Energie Sie beschützt.

AYIN

Ayin ist der Anfang des hebräischen Worts für Augen (*aynayim*) und lehrt uns, unsere Augen noch mehr für die Welt um uns zu öffnen. Die Kabbala sagt, dass wir mit Scheuklappen umhergehen, und es liegt an uns, unsere Spiritualität zu entfalten, um die Welt klarer zu sehen. Ayin ist auch der Beginn des Worts *aytz*, Baum, was uns daran erinnert, dass wir alle Teil des Lebensbaums sind, der mit dem Licht Gottes erfüllt ist.

Meditieren Sie über Ayin, um Ihre Augen und Ihr Herz für die Welt um Sie zu öffnen und Ihre Einsicht und Intuition in alles, was Sie tun, zu verstärken.

PEI

Pei ist der Beginn des hebräischen Worts für Mund, (*peh*) und gilt daher als Repräsentant der Macht der Sprache und der Laute. Das ist nicht nur eine der wesentlichen Grundlagen menschlicher Verständigung, mit der korrekten Intonation der Namen Gottes kann auch eine zusätzliche Dimension der Heilkraft erzeugt werden. Meditieren Sie über Pei um die Kommunikation mit den Mitmenschen zu verstärken.

Tzaddi

Tzaddi ist der erste Buchstabe des hebräischen Worts *tzadik*, rechtschaffen. *Tzaddikim* wurden in ihren Gemeinden immer wegen ihres Gemeinschaftssinns, ihrer Güte und Spiritualität verehrt. Meditieren Sie über Tzaddi, um Ihr Gefühl des Wohlwollens für Ihren Nächsten zu stärken.

Kuf

Kuf ist der Anfang des Worts *kaba*, offenbaren, der Wurzel des Worts Kabbala. Indem wir uns öffnen, das Wissen der Kabbala zu empfangen, betreten wir eine neue Stufe spirituellen Wissens und Bewusstseins.

Meditieren Sie über Kuf, um Ihr spirituelles Wissen und Bewusstsein zu vergrößern.

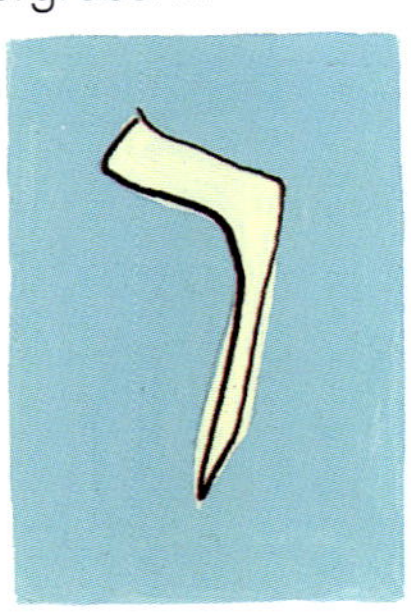

Resh

Resh ist der Beginn des hebräischen Worts für den heiligen Geist, (*ruach ha-kadosh*) und somit für unsere Fähigkeit, zu Spiritualität zu transzendieren. Wir können unsere Sinne bedeutend verbessern, wenn wir uns für die Intuition öffnen und offene Kanäle zur spirituellen Welt werden. Durch diesen Kanal erlauben die spirituellen Führer den spirituellen Heilern und Lehrern, ihr Werk hier auf der Erde auszuführen.

Meditieren Sie über Resh, um Ihre Sinne und Ihre Intuition zu stärken.

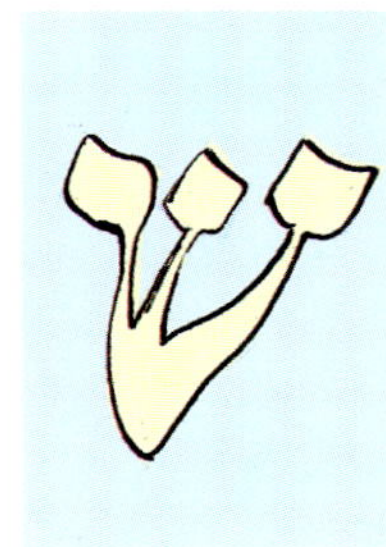

Shin

Das ist der erste Buchstabe des hebräischen Worts *shalom*, Friede. Es ist der erste Buchstabe von *Shabbat*, was harmonische Ruhe und Reflexion bedeutet. Es ist auch der erste Buchstabe des Worts *shana*, Jahr. Es kann uns dazu führen darüber zu meditieren, wie wir mit jedem Jahr unseres Lebens mehr Wissen und Spiritualität erwerben können.

Meditieren Sie über Shin, um Frieden und Harmonie in Ihr Leben zu bringen.

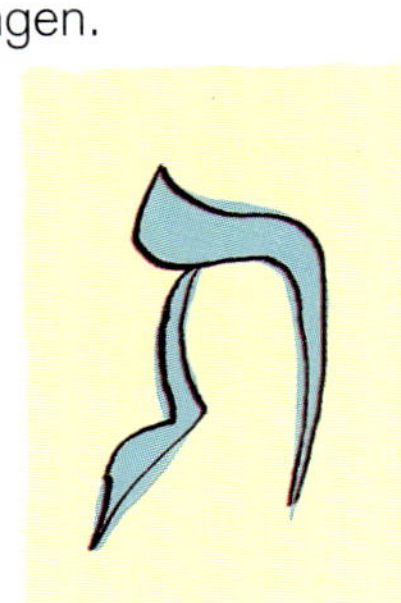

Tav

Der zweiundzwanzigste und letzte Buchstabe des hebräischen Alphabets ist Tav. Er symbolisiert die Kreisläufe unseres Lebens, deren Ende immer den Beginn einer neuen Phase spirituellen Lernens unserer Seelen markiert.

Meditieren Sie über Tav, um die Bedeutung Ihres Lebens und der Lektionen, die Sie weiter lernen müssen, zu verstehen.

Glossar

PERSONEN

Moshe ben Nachman 1194–1270
Besser bekannt als Nachmanides oder Ramban, ein spanischer Arzt und Gelehrter mit starkem Hang zum Mystischen. Seine Bibelkommentare sind die ersten, die die mystischen Lehren der Kabbala einschließen.

Moses de Leon *ca.* 1240–1305
Erster Herausgeber des *Sepher Zohar*. Obwohl er die Autorenschaft Simeon Bar Yochai zuschrieb, glauben viele, dass große Teile von Moses de Leon und seinen Schülern stammen.

Moses Cordevero 1522–1570
Bekannt als Ramak, er war Philosoph, Gelehrter und Kabbalist in Safed. Er systematisierte das gesamte kabbalistische Gedankengut bis herauf zu seiner Zeit, besonders die Lehren des *Zohar*.

Isaac ben Solomon Luria 1534–1572
Auch bekannt als Ari und Isaac Ashkenazi. Luria revolutionierte das Studium der Kabbala. Er schuf die Idee des *Zimzum*, des Glaubens, dass Gott »sich selbst verkleinerte«, um eine Leere zu erschaffen, in der er die Welt schuf. Luria konnte die Sünden der Menschen sehen, wenn er auf ihre Stirn blickte, und lehrte Methoden zum Kommunizieren mit den Seelen von *tzaddikim* (rechtschaffenen Menschen).

Chaim Vital 1543–1620
Der bedeutendste Schüler von Rabbi Isaac Luria. Studierte die Kabbala zuerst unter Rabbi Moses Cordevero, wurde später ein Anhänger Aris.

Shabbetai Tzvi 1626–1676
Ein türkischer Jude, der verkündete, er sei der Messias, sein oberster Sprecher war Nathan von Gaza. Er hatte Anhänger in der ganzen Welt, die seinem Ruf folgten, ihren ganzen Besitz zu verkaufen und mit ihm nach Israel zu reisen, um den Tempel wieder aufzubauen. Als Shabbetai und seine Anhänger Konstantinopel erreichten, nahm der Sultan, der einen Aufstand befürchtete, Shabbetai gefangen und stellte ihn vor die Wahl zwischen Tod und Übertritt zum Islam. Er wählte den Islam. Seine Anhänger nannte man Sabbatianer.

Israel ben Eliezer *ca.* 1700-1760
Gründer der chassidischen Bewegung. Auch bekannt als Baal Shem Tov oder Besht, gewann den Respekt ungebildeter Juden, indem er sie lehrte, dass sie Gott in allem sehen konnten, wenn sie ihre Verehrung mit Gebet, Gesang, Tanz, Bewegung und Geschichtenerzählen ausübten. Mit der Zeit mäßigten die Chassidim ihre ekstatischen meditativen Praktiken. Es war vor allem diese Bewegung, die das Wissen und die Praxis der Kabbala am Leben erhielt.

Gershom Scholem 1897–1982
Professor für jüdischen Mystizismus an der Hebräischen Universität, Jerusalem. Zu seinen bekannten Werken gehören *Major Trends in Jewish Mysticism*, *The Zohar*, und *On the Mystical Shape of the Godhead: Basic Concepts in the Kabbalah*.

Aryeh Kaplan 1934–1983
Ein traditionalistischer orthodoxer Rabbi, der sich in den 1970er- und 80er-Jahren mit der Rekonstruktion vergessener Traditionen jüdischer Meditation durch Erforschung lange vernachlässigter Manuskripte der Kabbala befasste.

QUELLEN

Die Midrash

Diese Bücher enthalten Interpretationen und Ausführungen zu Schrifttexten sowie Halakhic (legale) und Haggadic (nicht legale), von der hebräischen Bibel abgeleitete Materialien.

Das Mishnah

Die älteste nach-biblische Sammlung und Kodifizierung mündlicher jüdischer Gesetze, zusammengestellt von verschiedenen Gelehrten, erhielt ihre endgültige Form im Jahr 3 n. Chr. von Judah ha-Nasi. Das *Mishnah* geht auf die Gesetze des Pentateuch – die fünf Bücher Moses – zurück, und enthält verschiedene seit der Zeit Ezras (ca. 450 v. Chr.) mündlich überlieferte Gesetzesinterpretationen.

Der Pentateuch

Die ersten fünf Bücher der hebräischen Bibel, auch bekannt als die fünf Bücher Moses.

Sepher Yetzirah (Das Buch der Schöpfung)

Man glaubt, dass Adam und Noah die in diesem alten Manuskript enthaltenen Gesetze kannten, die mündlich überliefert wurden, bis Abraham mit achtundvierzig Jahren das Buch schrieb, als er sich von der Götzenverehrung zur Religion des einen wahren Gottes bekehrte. Es wurde vielfach mit den Bausteinen aller Existenz verglichen, da es die Kombinationen der zweiundzwanzig Buchstaben des hebräischen Alphabets als Basiselemente verwendet. Es kann als Quelle der Meditation und Spiritualität verwendet werden, es scheint auch als Quelle für die Erschaffung künstlichen Lebens – Golems – verwendet worden zu sein.

Der Talmud

Er enthält Interpretationen des *Mishnah* von zwei verschiedenen Gruppen von Gelehrten. Der Babylonische *Talmud* (*Talmud Bavli*) ist umfangreicher als der Jerusalem *Talmud* (*Talmud Yerushalmi*), obwohl keiner das komplette *Mishnah* abdeckt. Der *Talmud* beinhaltet nicht nur Gesetze, sondern auch Reden, Ideen und Diskussionen über viele Interessensgebiete.

Die Torah

Oft werden die ersten fünf Bücher des Alten Testaments so bezeichnet, eigentlich aber ist es der Name für die gesamte hebräische Bibel und die darin geschriebenen Gesetze (auch als Tanakh bekannt) und das mündliche Gesetz.

Das Zohar (Das Buch der Herrlichkeit)

Das von vielen als wichtigstes literarisches Werk der Kabbala betrachtete *Zohar* wurde von Rabbi Moses de Leon in Guadalajara, Spanien, im dreizehnten Jahrhundert veröffentlicht. Viele glauben, dass Moses de Leon der eigentliche Autor ist, obwohl er selbst dem galiläischen Weisen des zweiten Jahrhunderts, Simeon Bar Yochai, die Urheberschaft zuschrieb.

Das *Zohar* erklärt die Ursprünge der Kabbala in einer Verknüpfung von Mythos und Fiktion, oft in Form von Legenden, Erzählungen und Parabeln. Es geht in die Zeit vor dem Auftreten des Menschen zurück, als Gott die Engel die Kabbala lehrte, die das Geheimnis dann an Adam, den ersten Menschen, weitergaben. Diese Lehren wurden dann an Noah und dann an Abraham weitergegeben, der sie nach Ägypten brachte, wo sie von Moses studiert wurden. Man sagt, dass sich Moses während der israelitischen Wanderschaft durch die Wüste mithilfe eines Engels mit dem Studium der Kabbala befasst habe. Diese Lehren wurden dann einigen wenigen Auserwählten, darunter den Königen David und Salomon mündlich weitergegeben, bis sie schließlich niedergeschrieben wurden.

Bibliografie

Fortune, Dion, *Die mystische Kabbala*, Herman Bauer Verlag, Freiburg 1995

Halevi, Z'ev ben Shimon, *Lebensbaum und Kabbala: Eine Einführung in das geheime Wissen*, Heyne, München 1997

Isaacs, Ronald H., Olitzky, Kerry M., *Kleines 1x1 jüdischen Lebens,* Jüdische Verlagsanstalt, Berlin 2001

Kaplan, Aryeh, *Jewish Meditation*, Schoken Books, New York 1995

Scholem, Gershom, *Die jüdische Mystik in ihren Hauptströmungen,* Suhrkamp, Frankfurt/Main 1997

Scholem, Gershom (ed.), *Zohar: The Book of Splendor*, Schoken Books, New York 1995

Wolf, Rabbi Laibl, *Practical Kabbalah*, Three Rivers Press, New York 1999

Es gibt auch viele ausgezeichnete Internetseiten zu allen mit der Kabbala zusammenhängenden Themen von verschiedenen Standpunkten und Aspekten sowie viele Seiten über Lilith und den Golem. Es kann aber sein, dass viele dieser Seiten schon nicht mehr existieren, bis das Buch veröffentlicht wird. Daher werden keine Adressen angegeben.

Übersetzungen des *Sepher Yitzerah* finden sich ebenfalls im Internet.

Danksagung

DIESES Buch ist das direkte Ergebnis des Wissens, das mein Vater, Sidney Abraham Pepper, mir weitergab, um die mystischen mündlichen Traditionen der Kabbala aufrechtzuerhalten, so wie sie durch unzählige Generationen seiner Familie weitergegeben worden waren. Ich bin dankbar für seine Weisheit und seinen Weitblick bei der Weitergabe dieses wunderbaren Erbes.

Ich bin meinem Ehemann Jeffrey, meinen Kindern Nicole, Simone und Alexis und meiner Mutter Lily Pepper für ihre andauernden Aufmunterungen und für die Unterstützung dieses Projekts zu Dank verpflichtet, das das Ergebnis meiner unaufhörlichen Reise zur Erweiterung meines Wissens über die Kabbala und die Spiritualität ist.

Ein besonderer Dank gilt der Lektorin Liz Dean, die mich beim Schreiben dieses Buchs angeleitet und unterstützt hat, und Cindy Richards und dem Team von Cico Books für ihr Vertrauen und ihre Unterstützung. Wie immer auch vielen Dank meiner Literaturagentin Chelsey Fox für ihre Aufmunterung, ihre Geduld und ihren Rat.

Register

Fettgedruckte Zahlen verweisen auf Abbildungen